Hanni Plato

GARTEN Glück

Begegnungen mit Gott im Garten

Mit DIY-Ideen und vielen praktischen Tipps

Gerth Medien

Inhalt

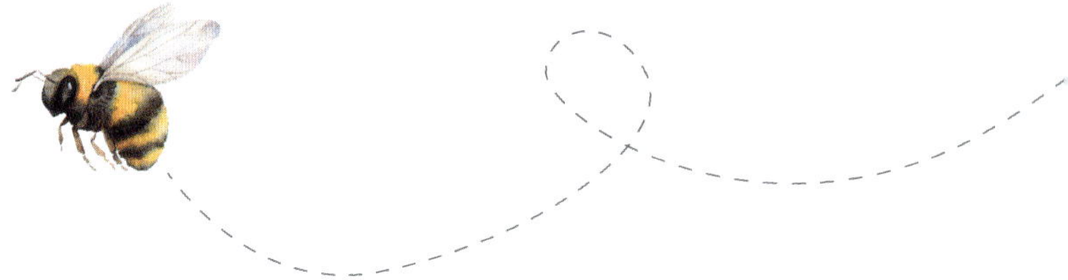

Legende

Mein Garten hat steinigen, eher kalkhaltigen Lehmboden. Die Pflanzen, die bei mir wachsen, sind fast alle ziemlich genügsam. Wer bei mir überlebt, dürfte in den meisten Regionen Deutschlands winterhart sein. Pflanzen mit speziellen Anforderungen sind gekennzeichnet.

- ☼ Sonniger Standort
- ☼ Halbschattiger Standort
- ☀ Schattiger Standort
- ↕ Wuchshöhe
- ↔ Wuchsbreite
- ❀ Blütezeit
- ▼PH eher saurer Boden

♥ Meine Lieblingspflanzen

Hi, ich bin Hanni

Herzlich willkommen in meinem Garten – schön, dass du reinschaust! Ich hoffe, du erwartest keinen Park mit einer herrlichen Aussicht und ein dazu passendes perfektes Leben. Das kann ich dir leider nicht bieten, aber vielleicht magst du ja eher natürliche Gärten, dann bist du bei mir genau richtig. Mein Garten soll ein Ort zum Wohlfühlen sein, für uns Menschen und auch für Insekten und andere kleine Tiere.

www.meingartenglueck.com

TIPP

Weitere Ideen & Infos findest du auf meinem Blog.

GartenGlück

Ich empfinde es immer noch als großes Geschenk, dass wir 1999 ein 616m² großes Eckgrundstück erwerben und ein Holzhaus darauf bauen konnten. Zum Glück ist das Haus ziemlich klein, dadurch bleibt mehr Platz für den Garten. Mit einigen Gegebenheiten müssen wir leben: Der Boden ist lehmig und ziemlich steinig, bei Regen verwandelt er sich in einen schlammigen Sumpf und im Sommer wird er knochentrocken. Die Aussicht geht auf die Nachbarhäuser, das hat das Fotografieren für dieses Buch etwas schwierig gemacht. Trotzdem liebe ich meine kleine Oase, vielleicht gerade weil der Garten etwas wild und doch voller Leben ist. Auch ich bin leicht chaotisch und habe viele Ideen, irgendwie passt er zu mir. Aber am schönsten finde ich es, wenn ich dort Jesus begegne. Mir geht immer das Herz auf, wenn es in der Bibel um Pflanzen, Wachsen und Gott als Gärtner geht. Wenn ich dann im Garten werkle, denke ich über das Gelesene nach und rede mit Gott darüber. Oft ist es aber auch einfach nur schön, zusammen mit ihm im Garten zu sein und seine Liebe zu genießen.

In diesem Buch gehen wir gemeinsam durch das Gartenjahr. Egal, ob du einen eigenen Garten besitzt, einen Balkon hast oder erst nur davon träumst: Ich hoffe, du findest viel Inspirierendes. Und ich wünsche dir, dass auch du Gott begegnest, er dich überrascht und reich beschenkt.

Ich wünsche dir, dass auch du Gott im Garten begegnest, er dich überrascht und reich beschenkt.

Ich aber darf dir immer nahe sein, das ist mein ganzes Glück!

Psalm 73,28 (Hfa)

1 Auffahrt mit Minibeet
2 Vorgarten
3 Rosenbogen
4 Sitzbank
5 Trockenmauern
6 Rasenfläche
7 Kapelle
8 Zierkirsche
9 Rosengang
10 Apfelbaum
11 Kompost
12 Grasdach
13 Terrasse
14 Kräuterbeet
15 Toskana-Beet

VerTraulich

Dieses Buch ist viel persönlicher geraten, als ich geplant hatte. Das hätte ich mir eigentlich denken können, immerhin geht es um meinen Garten und um das, was ich dort mit Gott erlebt habe. Trotzdem habe ich zuerst eher sachlich-neutral geschrieben, habe aber schnell gemerkt, dass das nicht funktioniert. Es sollte ja kein Gartenratgeber werden, sondern eine Einladung, gemeinsam mit mir durch meinen Garten zu gehen.

Als eher zurückhaltender Mensch musste ich mich erst mit dem Gedanken anfreunden, so offen von mir zu erzählen. Geholfen haben mir dabei drei Menschen: Eine Freundin, die immer für mich betet und so den ganzen Schreibprozess begleitet hat. Eine Kollegin, die selbst viel Mut bewies, indem sie ein noch viel persönlicheres Buch geschrieben hat. Und ein Kollege, der gar nicht ahnt, dass er mich ermutigt hat. Er hielt im Verlag die Montagsandacht, zu der ich viel zu spät kam. Keine Ahnung, um was es ging, ich habe nur seinen letzten Satz mitbekommen: dass wir unsere Geschichte erzählen sollen!

Nach diesem eindeutigen Stupser von Gott habe ich freiwillig kapituliert und mich auf den Prozess eingelassen. Dabei musste ich feststellen, dass ich noch nicht mal mir gegenüber sehr offen bin. Deshalb bin ich froh, dass Gott mich aus dieser übertriebenen Diskretion herausgelockt hat. Ich würde mich freuen, wenn meine Erlebnisse etwas bei dir zum Schwingen bringen. Am allerliebsten würde ich auch deine Geschichte hören und erfahren, was du mit Gott im Garten erlebt hast. Wenn du magst, kannst du mir sie gerne schicken. Wer weiß, was Gott daraus machen möchte!

Lenzrosen sind auch in der Vase schön. Manchmal lege ich die verschiedenen Blüten einfach in eine Keramikschale, da kommen sie gut zur Geltung.

Was du getan hast, habe ich nicht für mich behalten. Ich habe von deiner Treue und Hilfe erzählt. Vor der ganzen Gemeinde habe ich von deiner Gnade und Treue berichtet.

Psalm 40,11

Insekten sind auf die frühen Blüten von Weiden, Erlen, Zaubernuss, Haselstrauch und Kornelkirsche angewiesen, um nach der Winterruhe neue Kraft zu tanken.

Erste Blüten

Über die ersten Blüten freue ich mich jedes Jahr riesig. In meinem Garten sind es meistens die Schneeglöckchen, die blühen, dicht gefolgt von den Winterlingen und der Zaubernuss. Zur gleichen Zeit schwirren die ersten Insekten durch die Luft, Zitronenfalter und richtig dicke Hummeln.

Viburnum bodnantense ,Dawn'

Winterschneeball

Dieser Strauch wächst so malerisch, dass er am besten gar nicht beschnitten wird. Die duftenden rosa Blüten erscheinen oft schon im Winter und dienen ersten Insekten als wertvolle Nahrungsquelle. Die Blätter treiben erst später aus, dadurch kommen die Blüten gut zur Geltung. Im Herbst verfärbt sich der Strauch purpurviolett.

☼☀ ↕ 3 m ↔ 2,5 m ❀ 11–4

Iris reticulata

1 Netzblatt-Schwertlilie

Die hübsche kleine Iris wächst am liebsten im Steingarten, fühlt sich aber auch in Kübeln wohl, Hauptsache keine Staunässe! Auch die hellblauen und violetten Sorten sind schön, aber die blauen Zwerge mag ich am liebsten.

☼☀ ↕ 10 cm ↔ 10 cm ❀ 2–3

Hamamelis ,Pallida'

2 Zaubernuss

Die fadenartigen Blütenblätter überstehen die Kälte gut. Im Herbst verfärben sich die Blätter gelb. Der Strauch wächst trichterförmig und sollte möglichst nicht beschnitten werden.

☼☀☀ ↕ 2,5 m ↔ 3 m ❀ 1–3 ▼PH

Helleborus orientalis

3 Lenzrosen

Lange habe ich mich gefragt, warum meine Christrosen nicht zu Weihnachten, sondern von Januar bis März blühen. Bis ich festgestellt habe, dass es sich um Lenzrosen handelt!

☀ ↕ 30–50 cm ↔ 30–60 cm ❀ 2–4

Hepatica nobilis

4 Leberblümchen

Diese Staude blüht als eine der ersten in meinem Garten. Die leuchtend blauen Blüten erscheinen noch vor den Blättern. Es gibt auch Sorten mit weißen, rosafarbenen oder blaupurpurnen Blüten.

☼☀ ↕ 7–15 cm ↔ 5 cm ❀ 3–4

1

2

3

4

GlöckchenWunder

Schneeglöckchen stecken in meinem Garten immer als Erste die Köpfe aus dem Boden. Ich freue mich besonders, wenn sie schon an meinem Geburtstag Mitte Januar blühen. Das ist für mich wie ein kleiner persönlicher Gruß von Gott. Zart und schlicht wie sie sind, trotzen sie Wind und Wetter. Selbst wenn sie nach starken Frösten schlapp am Boden liegen, dauert es nicht lange, bis sie sich wieder aufgerichtet haben und unbeeindruckt mit ihren Köpfen nicken. Sie sind richtige kleine Stehaufmännchen und dienen mir seit Jahren als Vorbild. Auch ich möchte mich nicht von Widrigkeiten des Lebens unterkriegen lassen, sondern unbeirrt weitermachen.

An ein ganz besonderes Erlebnis muss ich immer denken, wenn mein Blick auf die Schneeglöckchen fällt. Vor einigen Jahren beteten wir für die kranke Frau eines Kollegen. Damals wuchsen in meinem Garten noch keine frühen Schneeglöcken ‚Galanthus elwesii' nur die normalen ‚Galanthus nivalis', die erst im Februar aus der Erde kommen. In diesem Jahr jedoch blühte ein einziges dieser Sorte schon Anfang Januar, das ich nach einiger Überwindung pflückte und meinem Kollegen mit ins Krankenhaus gab. Dort hat es nicht nur seiner Frau Freude bereitet, sondern wurde in der ganzen Station herumgereicht und der Anblick hat auch anderen Patienten neue Hoffnung geschenkt. Später freuten wir uns, dass sie die anstehende Operation gut überstand.

Es ist spannend zu sehen, wie Gott mit vermeintlich kleinen Dingen viel bewirken kann, und dass es sich lohnt, ein Opfer zu bringen. Dieses Opfer wurde sogar mit vielen wundervollen Glöckchen belohnt, die anschließend in meinem Garten blühten. Ich kam also nicht zu kurz.

Herr, ich erinnere mich an alles, was du getan hast, an alle Wunder, die du einst vollbracht hast.

Psalm 77,12

Schneeglöckchen versäen sich und verwildern so mit der Zeit von ganz alleine. Indem ich große Horste direkt nach der Blüte teile, versuche ich, die Vermehrung zu beschleunigen.

Schneeglöckchen

Schon von den normalen Schneeglöckchen *Galathus nivalis* bin ich hingerissen, besonders, wenn ich sie überraschend bei einem Waldspaziergang sehe. Für Liebhaber gibt es viele wunderschöne Sorten zu entdecken! Alle sind total pflegeleicht: Die Zwiebeln werden im Herbst ca. 6–10 cm tief mit einem Abstand von ca. 10 cm in den Boden gesetzt und dann am besten in Ruhe gelassen. Damit die Pflanze Kraft tanken kann, sollten die Blätter erst entfernt werden, wenn sie völlig vertrocknet sind.

☀ ↕ 7–18 cm ↔ 15 cm ❀ 1–3 ♥

Galanthus plicatus

Madeleine

Ein gelbes Schneeglöckchen hatte ich bisher noch nicht, es könnte aber etwas Abwechslung ins Beet bringen. Diese Sorte soll mit der Zeit kleine Horste bilden.

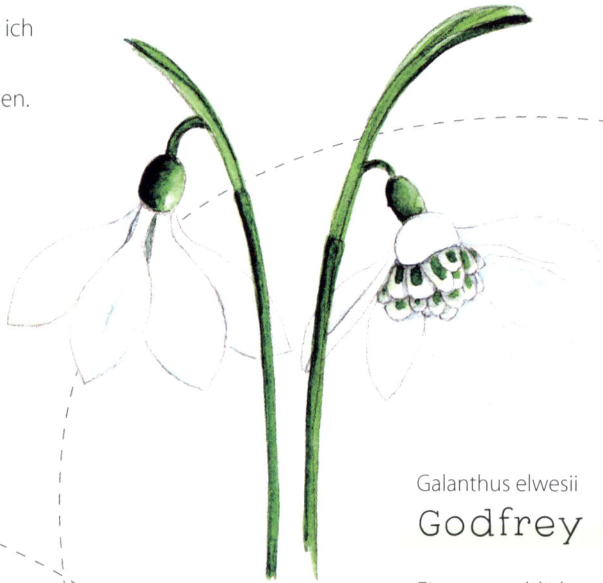

Lenzrosen passen gut zu Schneeglöckchen, sie blühen zur gleichen Zeit.

Galanthus elwesii

Godfrey Owen

Ein ganz schlichtes Schneeglöckchen, das mit seinen sechs Blütenblättern einen besonderen Charme hat. Diesen Frühling blüht es bei mir zum ersten Mal, ich bin hin und weg.

Bienen schätzen diese kleinen Frühblüher sehr.

Galanthus elwesii

Rosemary Burnham

Die feinen grünen Linien auf den äußeren Blütenblättern wirken absolut malerisch. Damit sich diese kleine Schönheit wohlfühlt, braucht sie einen trockenen, gut durchlässigen Standort.

Galanthus elwesii

Trumpolute

Diese elegante Sorte wird ungefähr 18 cm hoch. Sie hat wunderschön geschwungene äußere Blütenblätter, die einer Pagode ähneln. Ich habe mich auf den ersten Blick in dieses elegante Schneeglöckchen verliebt!

Galanthus nivalis

Flore Pleno

Ein schönes gefülltes Schneeglöckchen, das sich zum Verwildern eignet. Ich habe einige Exemplare zwischen die „einfachen" gesetzt, um ein paar Akzente zu setzen. Diese Sorte wird etwas höher als die normalen Schneeglöckchen.

Bienen brauchen offene Blüten, um an deren Nektar zu kommen.

UnterIrdisch

Ich bin Gott dankbar, dass der Februar der kürzeste Monat ist – auch wenn es sich nicht so anfühlt. Für mich als Gartenfreundin scheint er sich endlos hinzuziehen. Fröstelnd suche ich den Garten nach ersten Frühblühern ab, die ihre Köpfe aus dem Boden strecken, verziehe mich aber schnell wieder ins Warme. Dort sichte ich meine Samentüten, wälze Blumenbücher und überlege, was ich im kommenden Jahr im Garten verändern möchte. Dabei frage ich mich: Sind alle meine Pflanzen gut durch den Winter gekommen? Ob die schönen roten Tulpen wohl wieder blühen werden? Und wann wird es endlich wärmer? Am liebsten würde ich diesen Monat einfach überspringen, damit es im März richtig losgehen kann mit dem Gartenjahr. Aber das wäre natürlich keine gute Idee, denn die Pflanzen brauchen diese Ruhepause. Sie sind ja nicht tot, sondern schöpfen neue Kraft, treiben tiefe Wurzeln und bereiten sich so auf die nächste Saison vor.

Das ist für mich ein schönes Bild für Zeiten in meinem Leben, in denen sich scheinbar nichts tut. Geistliches Wachstum? Nix. Blüten, oder wenigstens Knospen? Fehlanzeige. Und von Früchten kann ich nur träumen. Aber auch dann möchte ich darauf vertrauen, dass Gott am Werk ist, unterirdisch sozusagen. Ich möchte Wurzeln schlagen, mich von ihm vorbereiten lassen, in ihm ruhen. Er wird diese Zeit schon nutzen. Also übe ich mich weiterhin in Geduld, auch wenn es schwerfällt.

Ich bin ganz sicher, dass Gott, der sein gutes Werk in euch angefangen hat, damit weitermachen und es vollenden wird bis zu dem Tag, an dem Christus Jesus wiederkommt.

Philipper 1,6

1

2

3

4

Anemone nemorosa

1 Buschwindröschen

Die weißen Buschwindröschen fühlen sich unter der Zierkirsche sehr wohl. Auch an trüben Tagen, wenn sie ihre Blüten geschlossen lassen, wirken sie sehr anmutig. Die gefüllte Art ist auch schön, aber die Bienen bevorzugen die einfachen Blüten.

☼ ↕ 20–25 cm ↔ 10–15 cm ❀ 3–4

Anemone nemorosa ‚Robinsoniana'

2 Buschwindröschen

Dieses hellviolette Buschwindröschen ist einfach bezaubernd. Es blüht etwa zwei Wochen später als die weißen, ist genauso pflegeleicht und vermehrt sich ganz von alleine.

☼ ↕ 20–25 cm ↔ 10–15 cm ❀ 3–5 ♥

Anemone blanda

3 Strahlenanemone

Die Blüten dieser hübschen Frühblüher öffnen sich bei Sonnenschein weit und ziehen viele Bienen an. Durch Selbstaussaat entstehen schnell dichte Teppiche.

☼ ☼ ↕ 10–15 cm ↔ 10 cm ❀ 3–4

Eranthis hyemalis

4 Winterling

Die rundlichen Blüten wirken sehr anmutig mit ihren Kragen aus zerteilten grünen Blättern. Sie vermehren sich durch Aussaat und sehen besonders schön neben Schneeglöckchen aus.

☼ ☼ ↕ 5–15 cm ↔ 5–10 cm ❀ 2–3 ♥

Blütenteppiche

Bei den ersten Waldspaziergängen im Jahr freue ich mich immer besonders über die zarten Buschwindröschenteppiche. Wie sie sich in Wellen über Böschungen ergießen, einfach herrlich! In meinem Garten verbinden sie sich mit Sternanemonen und Blausternchen zu einem kleinen blauen Meer.

Scilla siberica

Blausternchen

Diese kleinen Glöckchen habe ich schon als Kind geliebt. Es gibt sie auch in weiß und hellblau, aber die blaue Sorte mag ich am liebsten. Das Blausternchen ist auch bei Hummeln und Bienen sehr beliebt.

☼ ☼ ↕ 10–20 cm ↔ 10–15 cm ❀ 3–4

Am schönsten wirken Krokusse, wenn sie große Teppiche bilden. Sie lassen sich auch gut mit der kleinen Narzisse „Tête-à-Tête" kombinieren. Beide Zwiebelpflanzen blühen sehr früh.

UnPerfekt

Wenn ich durch den Garten gehe, könnte ich ständig stehen bleiben, um Unkraut auszurupfen, Verblühtes abzuschneiden oder zu lange Ranken anzubinden. Im Garten ist immer etwas zu tun, man ist nie fertig. Ob ich gerade Zeit habe, interessiert meine Pflanzen wenig. Das Wetter ist schön, sie wachsen wie wild, und ich habe alle Hände voll zu tun. Der Rasen ist auch schon wieder zu hoch. Zum Glück habe ich keine Hecke, die geschnitten werden muss. Dafür muss ich meine Kletterrosen im Zaum halten, damit sie nicht zu meinen Nachbarn rüberwachsen ...

Manchmal kann mich die Arbeit im Garten überwältigen, schließlich habe ich auch noch andere Dinge zu tun. Also versuche ich, mir einen selektiven Blick anzugewöhnen. Deshalb konzentriere ich mich, wenn ich durch den Garten gehe, um mich an ihm zu erfreuen, ganz bewusst auf die schönen Seiten: die ersten Knospen, die herrlich duftenden Rosenblüten, die Tautropfen auf den Blättern des Frauenmantels, die schönen Herbstfarben. Ich möchte gelassener gärtnern, auch das Unkraut darf etwas länger bleiben. Und wenn ich es nicht schaffe, die Rosen nach der Blüte zu köpfen, freue ich mich einfach an den Hagebutten. Zu perfekte, durchgestylte Gärten konnte ich sowieso noch nie leiden. Also genieße ich lieber meinen wilden unperfekten Garten. Vielleicht gelingt es mir sogar, etwas von dieser Gelassenheit mit in mein übriges Leben zu nehmen.

Lass dir an meiner Gnade genügen;
denn meine Kraft vollendet sich
in der Schwachheit.

2. Korinther 12,9

1

2

3

Erythronium ‚Pagoda'

1 Forellenlilie

Diese wunderschöne Pflanze wird auch Hundszahn genannt und ist absolut pflegeleicht. Ihre weißen, gelben und rosa Blüten stehen hoch über ihren dekorativ gefleckten Blättern und schmücken sich mit langen Staubgefäßen. Die filigranen Blüten passen gut zu weißen und dunklen Lenzrosen.

☼☀ ↕ 20–40 cm ↔ 15–20 cm ❀ 4–5

Crocus tommasinianus

2 Elfenkrokus

Ein wunderschöner kleiner Krokus, der schon sehr früh seine zarten Blüten öffnet. Er kommt auch mit schattigen Plätzen zurecht und passt gut zu Schneeglöckchen und gelben und weißen Krokussen. In meinem Garten wachsen noch andere Krokusse: die gestreifte Sorte ‚Pickwick', die dreifarbige ‚Tricolor' und die wunderschöne dunkelviolette Sorte ‚Ruby Giant'.

☼☼ ↕ 10 cm ↔ 5 cm ❀ 2–3

Fritillaria meleagris

3 Schachbrettblume

Diese zarte Zwiebelpflanze mit den zierlichen Glöckchen bevorzugt Lehmboden, dem etwas Sand untergemischt wurde. Ich habe sie in den Vorgarten zwischen die Schneeglöckchen gesetzt, damit ich mich oft über sie freuen kann. Es gibt auch eine weiße Art, aber ich mag die violette Sorte lieber, weil bei ihr das Schachbrettmuster besser herauskommt.

☼☼ ↕ 25–35 cm ↔ 10–15 cm ❀ 4–5

Frühlingsboten

Die ersten Krokusse werden von mir immer begeistert gefeiert. Endlich Frühling! Und schon kommen Bienen und dicke fette Hummeln angeschwirrt. Aber auch andere Frühblüher recken sich nun aus dem Boden, es ist eine ganz spannende Zeit. Ich gehe täglich durch den Garten, zähle die neuen Triebe und freue mich über jede neue Blüte.

Krokusse sehen auch im Rasen ganz entzückend aus. Damit sie wiederkommen, bitte erst mähen, wenn die Blätter völlig vergilbt sind. Das dauert aber nur ca. 3 Wochen.

VertrauensSchritt

Zum Glück hängt die Schönheit eines Gartens nicht von seiner Größe ab, selbst das kleinste Fleckchen Grün macht mich schon glücklich. Unser Garten ist etwas über $600m^2$ groß, aber diese Angabe sagt natürlich gar nichts. Manchmal erscheint er mir riesig, besonders beim Unkrautjäten. Wenn ich aber eine weitere Pflanze gekauft habe, für die ich einen Platz suche, scheint mein Garten plötzlich geschrumpft zu sein! Manchmal träume ich davon, mehr Fläche für einen Nutzgarten zu haben, um Kartoffeln, Erbsen und frischen Salat ernten zu können, aber dafür hätte ich gar nicht genug Zeit. Mein Garten hat gerade die richtige Größe, um ihn nebenbei bewältigen zu können. Ich muss zugeben, Gott weiß genau, was gut für mich ist.

Das gilt auch für andere Lebensbereiche. Nach dem Studium hatte ich das Gefühl, dass Gott möchte, dass ich in den Süden gehe. Eigentlich wollte ich in der Nähe von Hamburg bleiben, erklärte mich aber bereit, auf Anzeigen zu antworten – wohl wissend, dass im Hamburger Abendblatt wenige Ausschreibungen südlich der Elbe zu erwarten sind. Aber darauf war Gott ja nicht angewiesen, er spielte mir einfach eine Anzeige aus einer Zeitschrift zu. Weil sie schon drei Monate alt war, schien mir meine Bewerbung bei Gerth Medien kein Risiko zu sein – tja, nun bin ich schon 27 Jahre beim Verlag und habe es nicht bereut. Es bleibt jedes Mal ein Wagnis, aber ich habe gemerkt, wenn ich Gott vertraue und mich auf seine Pläne einlasse, wird es spannend und besser, als ich es mir selbst ausdenken könnte.

Hornveilchen sind bis ca. -15°C winterhart. Bei starkem Frost sollten sie zur Sicherheit mit Tannenzweigen geschützt werden.

„Denn ich weiß genau, welche Pläne ich für euch gefasst habe", spricht der Herr. „Mein Plan ist, euch Heil zu geben und kein Leid. Ich gebe euch Zukunft und Hoffnung".

Jeremia 29,11

Viola cornuta

Hornveilchen

Wieder etwas gelernt: Ich habe über die Jahre hinweg gar keine Stiefmütterchen gekauft, sondern Hornveilchen! Sie sind insgesamt kleiner, unempfindlicher gegen Regen und auch winterhärter. Sie haben zwar kleinere Blüten, dafür aber insgesamt mehr und sie blühen auch länger als Stiefmütterchen. Außerdem sollen sie sich selbst versäen und verwildern, das will ich aber erst mal sehen.

☼ ↕ 7–15 cm ↔ 15 cm ❀ 1–3

Muscari

Traubenhyazinthe

Eigentlich mag ich diesen Frühblüher, aber so langsam nimmt er überhand. Bisher habe ich nach der Blüte die Samen abgeschnitten, aber das scheint nicht zu reichen. Dieses Jahr werde ich so viele Zwiebeln, wie ich nur erwischen kann, herausnehmen und verschenken.
In Töpfen finde ich sie allerdings ganz reizend, besonders die weißen und hellblauen Sorten.

☼ ☼ ☀ ↕ 7–15 cm ↔ 15 cm ❀ 1–3

Bellis perennis

Maßliebchen

Dieses Frühjahr habe ich einen Topf mit Bellis auf die Bank vor dem Hauseingang gestellt. Zusammen mit Stiefmütterchen und einem Willkommensschild sieht es gleich viel einladender aus. Maßliebchen blühen länger, wenn die verblühten Blüten abgeknipst werden. Es gibt sie in weiß und in allen Schattierungen von Zartrosa bis Rot. Dünger brauchen sie nicht, dürfen aber auf keinen Fall austrocknen.

☼ ☼ ☀ ↕ 7–15 cm ↔ 15 cm ❀ 1–3

Einjährige aus Samen zu ziehen oder Stauden zu pflanzen, ist günstiger und nachhaltiger, aber bei Frühblühern werde ich oft schwach.

Maßliebchen

Frühblüher

Als Januar-Geburtstagskind bekomme ich oft Frühblüher in Töpfen geschenkt, darüber freue ich mich immer sehr. Da mir der Duft manchmal zu intensiv ist, stelle ich sie meistens gut sichtbar auf den Terrassentisch. Wenn die Zwiebelblumen verblüht sind, kommen sie an eine passende Stelle im Garten. Viele Zwiebeln bevorzugen gut durchlässigen Boden und sind deswegen in Töpfen gut aufgehoben. Bei strengem Frost wollen sie etwas geschützt und an frostfreien Tagen gegossen werden, aber sonst brauchen sie kaum Pflege.

Zwiebeln für Töpfe

Narzissen
Tulpen
Hyazinthen
Zierlauch
Krokusse

Blumenzwiebel-Lasagne

Für Terrasse und Balkon

Wer Frühblüher liebt, aber nicht viel Platz hat, kann die Zwiebeln in Schichten in einen großen Kübel setzen.

Dafür eignet sich ein Topf mit mindestens 30 cm Durchmesser. Ganz wichtig ist ein guter Abzug und eine 3–5 cm dicke Drainageschicht, damit sich keine Staunässe bildet.

Zuunterst kommen die spät blühenden, meist größeren Blumenzwiebeln, dann die kleinen früher blühenden. So hat man auf kleinstem Raum für lange Zeit Freude an seinen Frühblühern.

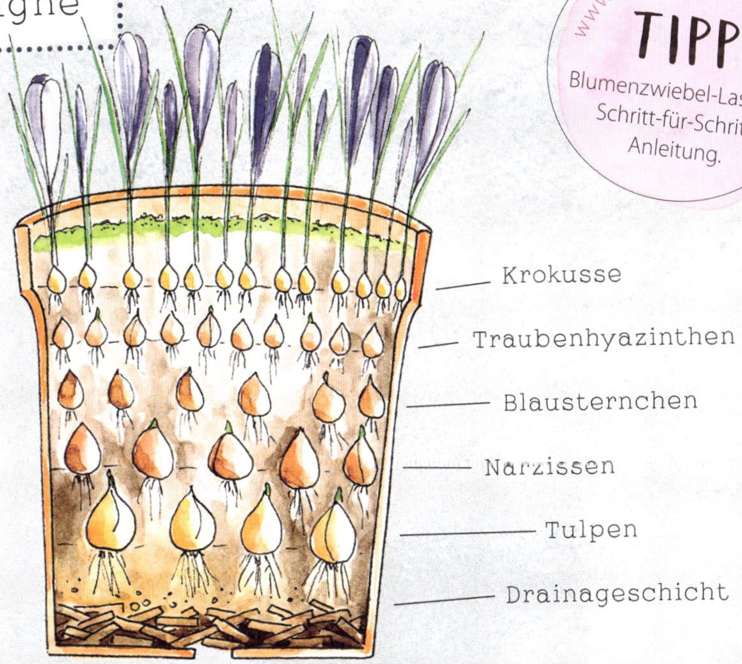

TIPP

www.meingartenglueck.com

Blumenzwiebel-Lasagne Schritt-für-Schritt-Anleitung.

RuheTag

Manchmal habe ich ein schlechtes Gewissen, wenn ich am Sonntag im Garten arbeite. Schließlich möchte ich den Ruhetag einhalten, Pause machen vom Alltag und bei Gott neue Kraft schöpfen. Allerdings gelingt mir das vor allem dann, wenn ich im Garten arbeite. Was andere darüber denken, war mir eher schnuppe und außerdem war ich überzeugt, dass meine „Sonntagsarbeit" sowieso niemanden interessierte. Als mich dann aber gleich zwei Nachbarn darauf ansprachen, war ich in einer Zwickmühle: Einerseits wollte ich nicht den Anschein geben, als wäre mir Gott egal, andererseits tat mir ja gerade die Zeit im Garten gut.

Ich habe mit Jesus darüber gesprochen, um Weisheit gebetet und bin zu dem Schluss gekommen, dass ich nicht auf die Gartenarbeit verzichten möchte. Klar werde ich sonntags nichts Schweißtreibendes angehen wie umgraben, den Kompost umsetzen oder Bäume ausreißen. Aber einfach an der frischen Luft zu sein, sich durch den Garten treibenzulassen und hier und da ein bisschen Unkraut zu zupfen, tut mir einfach gut. Das nächste Mal, wenn ich darauf angesprochen werde, möchte ich einfach davon erzählen, wie ich Gott im Garten begegne. Wer weiß, vielleicht entsteht dadurch ein interessantes Gespräch. Und mein Gegenüber überlegt für sich, wo er Gott am ehesten begegnet, das wäre richtig toll!

Begeistert suchten sie Gott und er ließ sich von ihnen finden. Und der Herr schenkte ihnen ringsum Ruhe.

2. Chronik 15,15

Die gelbgrüne Wolfsmilch harmoniert wunderbar mit den violetten Farbtönen von Blaukissen und Katzenminze. Darüber schweben die kugeligen Blüten des Zierlauchs.

Wolfsmilch

Es gibt unzählige Arten der Wolfsmilch, die meisten bevorzugen sonnige Plätze und einen gut durchlässigen Boden. Ich schätze die frische hellgrüne Farbe im Frühling, die sehr schön gelbe und violette Blüten miteinander verbindet. Nur die kleinblütige Sonnenwolfmilch reiße ich möglichst raus, sie vermehrt sich einfach zu stark. Aber auch sie trägt dazu bei, dass mein Garten im Frühling üppig erscheint.

Der milchige Saft der Wolfsmilch kann Hautreizungen hervorrufen, deswegen trage ich immer lange Handschuhe, wenn ich sie nach der Blüte zurückschneide.

Vorsicht bissig!

Euphorbia characias ssp. Wulfenii

Mittelmeerwolfsmilch

Diese hohe Wolfsmilch mit den besonders großen Scheinblüten habe ich bisher nur in großen Parks gesehen. Ich hätte sie auch gerne in meinem Garten, auch wenn sie etwas frostempfindlicher ist als die anderen Arten. Während der Blüte ist sie absolut spektakulär!

☼ ↕ 120 cm ↔ 40–50 cm ❀ 6 ❄ 💧

Euphorbia amygdaloides ‚Purpurea'

1 Mandelblättrige Wolfsmilch

Die schönen hellgrünen Scheinblüten dieser Wolfsmilch erheben sich im Frühjahr äußerst graziös. Aber auch ihr immergrünes dunkelrotes Laub wirkt ungewöhnlich. Selbst im Winter, wenn die schmalen Blätter silbern überhaucht werden, ist die Staude ein Hingucker.

☼ ↕ 30–40 cm ↔ 30–40 cm ❀ 4–5 💧

Euphorbia polychroma

2 Goldwolfsmilch

Diese anspruchslose Staude kann ich nur empfehlen. Sie wird ca. 25 cm hoch und passt mit ihren gelbgrünen Scheinblüten gut zu allen violetten Frühblühern. Sie wächst kompakt-buschig und versät sich, ohne zur Plage zu werden. Wenn es mir doch zu viele werden, nehme ich einfach ein paar nach der Blüte heraus und verschenke sie.

☼ ↕ 40–60 cm ↔ 40–50 cm ❀ 4–5 💧

Euphorbia myrsinites

3 Walzenwolfsmilch

Diese niedrig wachsende Art bildet im Frühling grüngelbe Scheinblüten, die ornamentalen graublauen Blätter sind jedoch das ganze Jahr über attraktiv. Die Pflanze macht sich besonders gut im Steingarten oder auf einer Mauerkrone, von der sie dekorativ herunterhängen kann. Besonders schön wirkt sie, wenn die Blätter im Winter mit Frost überzogen sind.

☼ ↕ 20–30 cm ↔ 40–50 cm ❀ 4–5 💧 ♥

1

2

3

SuperWürmer

Von allen Nützlingen im Garten finde ich den Regenwurm am faszinierendsten. Schon als Kind habe ich beobachtet, wie er sich in die Erde eingegraben hat, oder ihn von der Straße auf ein Beet gerettet. Er sieht zwar nicht besonders anziehend aus, ist aber genauso unverzichtbar für uns Menschen wie Insekten. Regenwürmer graben sich bis zu zwei Meter tief in die Erde und lockern und belüften dabei den Boden. Ihre Gänge sind wichtig, damit Wasser besser ins Erdreich eindringen kann und die Pflanzen Raum für ihre neuen Wurzeln haben. Außerdem verwandeln diese Superwürmer abgestorbene Pflanzenreste und Blätter in Dünger, der sogar noch hochwertiger ist als Kompost. Ich nenne diese nützlichen Tiere oft meine „Gartenfreunde“ und freue mich immer, wenn ich mal einen zu Gesicht bekomme. Da ich selten umgrabe, um meine kleinen Freunde nicht zu stören, treffen wir uns eigentlich nur nach dem Regen oder wenn ich den Kompost umsetze. Sonst verrichten sie ihre Arbeit treu und unermüdlich im Verborgenen.

Auch wenn es sonderbar erscheint, dient mir der Regenwurm als Vorbild. Da meine Arbeit als Grafikerin für alle sichtbar ist, ja fast öffentlich, musste ich mich mit dem Thema „Lob und Anerkennung“ schon früh auseinandersetzen. Mir ist bewusst, dass Gott derjenige ist, der Begabung und Ideen schenkt, deswegen nehme ich Lob gerne an und gebe es dann an ihn weiter. Trotzdem bin ich überzeugt, dass es meiner Seele guttut, wenn ich auch mal im Verborgenen Gutes tue, wie meine kleinen tierischen Freunde.

Gib in aller Stille, und dein Vater,
der alle Geheimnisse kennt,
wird dich dafür belohnen.

Matthäus 6,4

Unter Sträuchern und Bäumen fühlt sich das Hasenglöckchen wohl. Die spanische Art ist zwar größer, lässt aber ihre Glöckchen nicht ganz so graziös hängen wie die ursprünglichen Bluebells.

Glöckchen

Gerade im Frühling gibt es viele Blüten mit anmutigen Glöckchen. Sie machen mir Freude und bieten Insekten Nahrung. Manche haben allerdings einen so engen Trichter, dass die Tiere einen Rüssel brauchen, um an den Nektar zu gelangen. Ich habe bei mir im Garten Wollschweber und Taubenschwänzchen beim Nektarsammeln beobachtet. Sie sehen aus wie Mini-Kolibris!

Leucojum ‚Gravetye Giant'

Sommerknotenblume

Eine besonders elegante Zwiebelblume, in die ich mich während eines Englandurlaubs verliebt habe. Sie wächst höher als die normalen Märzbecher und blüht später. Dabei trägt sie immer mehrere Glöckchen an einem Stängel, einfach hinreißend. Am schönsten wirkt sie, wenn sie in naturnahen Pflanzungen in Gruppen gepflanzt wird. Wenn ich einen Teich hätte, würde ich ein paar Zwiebeln an den Rand setzen, sie kommen nämlich gut mit Überschwemmungen klar.

☼ ☀ ↕ 50 cm ↔ 15 cm ❀ 4–5 ♥

Die normalen Märzbecher blühen früher als die hohen und setzen in Schneeglöckchengruppen schöne Akzente.

Glockenförmige Blüten

- Schneeglöckchen
- Schneeglanz
- Scilla
- Märzbecher
- Maiglöckchen
- Fingerhut
- Fuchsie
- Engelstrompete
- Prunkwinde
- Bartfaden
- Glockenblumen
- Mandevilla

Pulmonaria

Lungenkraut

Diese Staude ist zwar recht klein, aber dafür kann man sich sehr lange an ihren Blüten erfreuen. Mein Lungenkraut blüht blau, es gibt aber auch rote, weiße und violette Sorten. Manche verändern während der Blütezeit die Farbe, dadurch entsteht ein besonders schöner Effekt. Auch die spitzen Blätter sind hübsch. Je nach Sorte können sie grün, silbrig oder gefleckt sein. Die Staude ist sehr genügsam und breitet sich langsam aus. Für etwas Kompost nach der Blüte ist sie dankbar.

☼ ↕ 30–35 cm ↔ 10–15 cm ❀ 3–4

Primula veris

Schlüsselblume

Die Schlüsselblume ist wohl der bekannteste Frühblüher. Ihre gelben Glöckchenblüten hängen als Trauben an hohen Stengeln, was sehr anmutig aussieht. Dazu verströmt sie noch einen süßen Duft, der die Insekten anlockt. Die Schlüsselblumen haben sich in meinem Garten an verschiedenen Stellen vermehrt. Ab und zu wächst auch eine orange-rote Pflanze dazwischen, das könnte eine Primula veris ‚Sunset Shades' sein, das ist dann ein nette Überraschung!

☼☼ ↕ 15–25 cm ↔ 10–20 cm ❀ 3–5

Pulsatilla

Küchenschelle

Alles an dieser kleinen Staude ist mit silbrig-weißen Häärchen bedeck: Blätter, Stängel, Blüten – und sogar die Samenstände! Unglaublich, wie weich diese zarte Pflanze ist. Meine Küchenschelle hat den Hagelsturm vor einigen Jahren leider nicht überlebt, aber eine Nachbarin hat mir schon Ableger versprochen. Bei ihr wachsen violette und weiße Pulsatilla wild durcheinander, das sieht ganz bezaubernd aus. Manchmal streicheln wir ihre Blüten, wenn wir auf dem Weg zum Bäcker sind. Es gibt auch rosa und rot blühende Sorten.

☼ ↕ 15–29 cm ↔ 10–15 cm ❀ 4–5

Schlüsselblumen eigenen sich gut für die Vase. Natürlich nur aus dem Garten, sie stehen unter Naturschutz.

KleineAnfänge

Wenn ich nicht aufpasse, werde ich wie Dornröschen von meinen Pflanzen überwuchert. Dabei wenden sie ganz unterschiedliche Strategien an. Manche schleudern ihre Samen meterweit, andere schlängeln sich unauffällig mit Ausläufern durchs Beet. Und dann gibt es noch die ganz cleveren, die denken, ich würde ihre unterirdischen Wurzelausläufer nicht bemerken. Scheinbar harmlose kleine Pflanzen wie das Veilchen tun ganz unschuldig, krallen sich aber im Boden so fest, dass ich sie kaum noch rausziehen kann. Auf der anderen Seite gibt es Bodendecker wie Elfenblume, Storchschnabel und Gedenkemein, die sich bei mir gerne ausbreiten dürfen. Sie schützen den Boden bei Regen vor Erosion und im Sommer vor dem Austrocknen. Ich schätze sie sehr, weil sie mir an unzugänglichen Stellen die Arbeit erleichtern, indem sie das Unkraut unterdrücken. Es ist erstaunlich, was aus so kleinen Pflänzchen werden kann.

Trockenmauern sind attraktiv, sehr pflegeleicht und bieten Insekten und Reptilien eine Zuflucht.

Auch bei uns Menschen beginnen Veränderungen mit ganz kleinen Anfängen. Deshalb möchte ich nicht unterschätzen, was ein kleiner Gedanke, eine Idee oder ein Traum auslösen können. Wenn Gott mit fünf Broten und zwei Fischen eine ganze Menschenmenge sättigen kann, wird er auch gerne etwas aus dem machen, was wir ihm anvertrauen. Ich denke gerade an meine frühere Bibelgruppe, die schon gewachsen ist, bevor wir uns zum ersten Mal offiziell getroffen hatten. Und so ging es weiter, es kamen Menschen dazu, die Gott noch nicht kannten, wir haben Heilungen erlebt und eine außergewöhnliche Offenheit untereinander. Es war das erste Mal, dass ich eine solche Gruppe geleitet habe, und ich war einfach ins kalte Wasser geschmissen worden. Also konnte ich nur jedes Mal beten, dass Gott etwas daraus macht. Ich habe viel gelernt in dieser Zeit, vor allem aber, dass Gott kleine Anfänge wertschätzt und sie im Wachsen begleitet.

Denn wer hat den Tag der geringen Anfänge verachtet?

Sacharja 4,10

1

2

3

4

5

6

7

8

9

Mauerblümchen

> Die Fugen der Trockenmauern geben Reptilien, Wildbienen und kleinen Säugetieren Zuflucht.

Jahrelang hat in unserer Trockenmauer ein Eidechsenpärchen gelebt. Das Gärtnern ist dort sehr rückenfreundlich, es ist wie ein großes Hochbeet.

Saxifraga

1 Moossteinbrech

Bei mir wächst rosa, weißer und roter Moossteinbrech, gelben hätte ich auch gerne. Die Blüten schneide ich zurück, sobald die Staude verblüht ist. Alle drei Jahre sollte sie geteilt werden.

☼☀ ↕ 15 cm ↔ 40–50 cm ❀ 4–5 ♥

Cerastium tomentosum

2 Hornkraut

Während der Blütezeit sieht diese Staude aus wie eine kleine Wolke. Danach schneide ich das Hornkraut stark zurück. Es liebt kargen Boden, am liebsten in der vollen Sonne.

☼ ↕ 10–25 cm ↔ 40–50 cm ❀ 4–5

Aubrieta

3 Blaukissen

Diese anspruchslose Staude blüht am schönsten in voller Sonne. In Mauerritzen wirkt sie besonders hübsch. Als Bodendecker eingesetzt, wächst sie dekorativ in andere Stauden hinein.

☼ ↕ 5–10 cm ↔ 60 cm ❀ 4–5 ♥

Phlox subulata

4 Polsterphlox

Meine Staude ist hellviolett, es gibt aber auch weiße, rosa und mehrfarbig blühende Arten. Vertrocknete Triebe schneide ich erst im Frühjahr zurück, da sie Insekten als Winterschutz dienen.

☼☼ ↕ 10–15 cm ↔ 20–40 cm ❀ 4–6

Alyssum montanum ‚Berggold'

5 Berg-Steinkraut

Ohne die leuchtend gelben Blüten dieser Staude wäre meine Trockenmauer im Frühling längst nicht so farbenfroh. Aber auch im Winter setzt sie mit ihren silbernen Blättern hübsche Akzente.

☼ ↕ 10–20 cm ↔ 30–50 cm ❀ 4–5 ♥

Fragaria x ananassa ‚Red Ruby'

6 Zier-Erdbeere

Dieser Bodendecker macht sich gut als rosaroter Farbtupfer am Fuß der Mauer. Die Zier-Erdbeere bringt über lange Zeit unzählige Blüten hervor und trägt sogar kleine essbare Früchte!

☼☼ ↕ 20–30 cm ↔ 10–20 cm ❀ 4–8

Iberis sempervirens

7 Schleifenblume

Diese immergrüne Staude stellt keine besonderen Ansprüche, mag allerdings keine Staunässe. Ich schneide sie nach der Blüte radikal zurück, lasse sie sich aber manchmal auch versäen.

☼ ↕ 20–30 cm ↔ 40–60 cm ❀ 4–5

Salix helvetica

8 Schweizer Weide

Diese Weide bleibt klein und hat silbriges Laub. Im Frühjahr trägt sie weiße Kätzchen, die bei Insekten sehr beliebt sind. Sie passt gut in den Steingarten und auf Mauerkronen.

☼ ↕ 60–90 cm ↔ 50–100 cm ❀ 4

Viola odorata

9 Duft-Veilchen

Immer wieder schmuggeln sich ein paar Veilchen in meine Mauer. Die hellgrünen Blätter bilden einen hübschen Kontrast zu den violetten Blüten. Allzu sehr dürfen sie sich aber nicht ausbreiten.

☼☼ ↕ 5–10 cm ↔ 20–30 cm ❀ 3–4

Pünktlich zu Ostern erwacht die Osterglocke nach einem langen Winter wieder zum Leben, deshalb ist sie ein Symbol für Christi Auferstehung und das ewige Leben.

SturmGeplagt

Als wir im April 2018 mit Freunden einen Ausflug an die Dill machten, sah unser Garten noch wunderschön aus. Narzissen und Strahlenanemonen blühten um die Wette, als nächstes würden der Zierlauch und die Tulpen aufblühen. Doch dann zogen dicke schwarze Wolken auf, wir fuhren überstürzt nach Hause und wenig später prasselten 3 cm große Hagelkörner auf Haus und Garten hinab. Wir konnten noch dankbar sein, dass am Haus keine Schäden entstanden waren, sogar das Sonnensegel hatte den Sturm unbeschadet überstanden. Von meinen Pflanzen aber war wenig übrig geblieben, der Garten sah aus wie geschreddert! Ich war am Boden zerstört, eine Woche lang war ich zu traurig, um ihn überhaupt zu betreten. Dann machte ich mich ans Aufräumen, entfernte das kaputte Grünzeug und schnitt die Rosen ein zweites Mal zurück. Das ganze Ausmaß der Zerstörung war zu dem Zeitpunkt noch nicht zu erfassen, aber ich ahnte schon, dass ich in diesem Jahr wenig Freude an dem Garten haben würde. Die Rosen blühten viel später als sonst (gerade, als wir im Urlaub waren), Büsche und Bäume erholten sich über Jahre hinweg nicht, und viele Blumenzwiebeln musste ich nachsetzen.

Auch wenn der Hagelsturm für meinen Garten verheerend war, gibt es im Leben noch ganz andere Stürme. Deswegen möchte ich jetzt gerne gemeinsam mit dir einen Moment innehalten und für alle beten, die gerade den Boden unter den Füßen verloren haben:
„Jesus, ich bitte für alle, die gerade Schlimmes durchmachen.
Schenk ihnen alles, was sie brauchen, um diesen Sturm zu überstehen: deine überwindende Kraft, liebe Menschen und deinen Frieden – trotz allem. Danke, dass du uns nie alleinlässt. Amen."

Ich bin so verzweifelt! Ich fühle mich wie ein Obstpflücker nach der Ernte, wie bei der Nachlese im Weinberg. Nicht eine einzige Traube, keine Feige ist mehr zu finden. Ist um mich herum auch alles dunkel, ist doch der Herr selbst mein Licht.

Micha 7,1+8

1

2

3

4

Narzissen

Wenn die Narzissen blühen, wird es endlich Frühling in meinem Garten! Sie bringen den Vorgarten mit ihren gelben Blüten zum Leuchten und verbreiten gute Laune. Nach der Blüte schneide ich die Blütenstängel ab, lasse aber die Blätter stehen, damit die Zwiebeln Kraft tanken können. Dafür knicke ich die Blätter ab und verstecke sie unter Nachbarpflanzen. Nach sechs Wochen schneide ich dann die verdorrten Blätter ab.

Narcissus ‚Painted Desert'

1 Painted Desert

Eine historische Sorte mit leuchtend gelben Blüten und zierlicher orangefarbiger Krone. Alle Narzissen sind Starkzehrer und möchten vor der Blüte im Frühjahr und dann noch einmal im Herbst gedüngt werden. Während der Blütezeit sollte der Boden nicht austrocknen, im Sommer macht es ihnen jedoch nichts aus.

☼ ↕ 30 cm ↔ 15 cm ❀ 4

Narcissus poeticus ‚Acatea'

2 Dichternarzisse

Eine sehr elegante Narzisse mit duftenden Blüten, die sich der Sonne entgegenstrecken. Sie blüht relativ spät, dafür aber ziemlich lange. Die Dichternarzisse war eine meiner ersten Zwiebelpflanzen, hat aber durch Hagel sehr gelitten. Die nachgesetzten Pflanzen entwickeln sich inzwischen gut.

☼ ↕ 40 cm ↔ 25 cm ❀ 4 ♥

Narcissus ‚Geranium'

3 Geranium

Diese Narzisse bildet an jedem Stängel gleich mehrere Blüten. Sie haben eine dunkelgelbe Krone und duften herrlich. Bei mir stehen sie im Toskana-Beet, man kann sie aber auch gut in Kübel setzen. Sogar in Wiesen gedeihen sie gut, dann darf man allerdings erst mähen, wenn sie ihr Laub eingezogen haben.

☼☼ ↕ 35 cm ↔ 20 cm ❀ 4

Narcissus ‚Sunapee'

4 Sunapee

Diese zartgelben Narzissen mit der orangefarbenen Krone bewundere ich immer bei meiner Nachbarin. Mit der ungewöhnlichen Farbgebung ist sie eine echte Liebhabersorte. Trotz ihrer Höhe und den großen Blüten, hält sie sich selbst bei schlechtem Wetter gut. Sie eignet sich aber auch für den Schnitt.

☼☼ ↕ 40-50 cm ↔ 15 cm ❀ 4–5

Wer Narzissen mit anderen Blumen in die Vase stellen möchte, sollte sie erst für einen Tag alleine stehen lassen und das Wasser täglich wechseln.

Düngen

Starkzehrer wie Rosen und Dahlien, aber auch Stauden und Sträucher freuen sich über eine Extraportion Nährstoffe. Kunstdünger sind teuer und verbrauchen bei der Herstellung viel Energie. Außerdem schaden sie dem Boden und schwächen auf Dauer die Pflanzen. Deswegen verwende ich lieber Kompost, selbstgemachte Brennnesseljauche und Hornspäne.

Lieber wenig Dünger verwenden und diesen gezielt einsetzen. Überdüngen schadet den Pflanzen, manche brauchen gar keine Extranahrung.

Komposthaufen

Günstiger Dünger

Ein Komposthaufen ist praktisch, schnell angelegt, gut für die Umwelt und deinen Geldbeutel. Einfach nur deine organischen Abfälle draufwerfen, das Zerkleinern übernehmen Kompostwürmer und Mikroorganismen.

Am besten einen windgeschützen Platz im Schatten oder Halbschatten wählen und den Kompost direkt auf den Boden stellen, damit die kleinen Helfer einwandern können. Um Wühlmäuse fernzuhalten, kann man den Boden mit Hasendraht auslegen.

Abwechselnd feuchte Abfälle wie Rasenschnitt, Obst- und Gemüsereste mit trockenen Abfällen wie kleingeschnittenen Zweigen und Pflanzenresten aufschichten. Aus Gründüngungspflanzen wie Gelbsenf und Phacelia schüttle ich zuerst die Samen heraus, dann kommen auch sie auf den Kompost. Kranke Pflanzen, Unkraut und gekochte Essensreste gehören in die Biotonne.

Nach 9-12 Monaten den Humus durch ein grobes Gitter sieben, im Garten verteilen und leicht in die Erde einarbeiten.

Gründüngung

Bei Neuanlagen

Diese Pflanzen begrünen den Boden und helfen, ihn zu verbessern. Meistens werden sie vor der Samenreife gemäht und untergegraben, damit sie sich nicht unkontrolliert versäen.

Gelbsenf

Gelbsenf wächst sehr schnell und setzt sich gut gegen Unkraut durch. Seine tiefen Wurzeln nehmen Nährstoffe aus tiefen Bodenschichten auf und sein Öl wirkt wie ein biologisches Pflanzenschutzmittel.

Phacelia

Die violetten Blüten dieser Pflanze sind eine gute Bienenweide. Da sie mit keiner anderen Pflanze eng verwandt ist, kann jede beliebige Pflanze direkt danach gepflanzt werden.

Lupine, Wicke und Klee

Diese Hülsenfrüchte eignen sich, um Stickstoff anzureichern. Bei humusarmem Boden kann eine reine Kleekultur helfen, die aber eine ganze Saison über wachsen sollte.

Seelendünger

Auch unsere Seele braucht regelmäßig Futter. Hier eine kleine Extraportion:

Der Herr gibt dir Kraft und schenkt dir Frieden.

nach Psalm 29,11

SeelenDünger

Tulpen kommen besonders gut zur Geltung, wenn sie in Gruppen gepflanzt werden. Ein Abstand von 10 bis 15 cm für die Zwiebeln reicht völlig aus.

Manche Pflanzen brauchen mehr Nährstoffe als andere. Starkzehrer wie Rosen, Päonien und der türkische Riesenmohn sind dankbar für eine Extraportion Dünger. Schwachzehrern dagegen würde das gar nicht guttun, sie würden zu lange und schwache Triebe bilden. Ich habe beides im Garten, also behandle ich die Pflanzen ganz unterschiedlich. Die Rosen freuen sich über den vorhandenen Lehmboden und bekommen im Frühjahr eine großzügige Gabe Langzeitdünger. Den Lavendel dünge ich gar nicht, dafür bekommt jeder Busch eine Schippe Kalk. Und der Kompost wird gerecht unter den besonders hungrigen Stauden und Sträuchern aufgeteilt.

Auch ich brauche Nahrung, besonders im geistlichen Bereich. Lange Zeit reichte mir der Input aus Gottesdienst, Hauskreisabenden und sporadischem Bibellesen am Abend, aber dann wurde ich plötzlich richtig stark gefordert. Es verging kaum ein Tag, an dem kein Anruf kam, der seelsorgerlich beantwortet werden musste. Nach einer Weile stellte ich fest, dass meine eigene Kraft einfach nicht ausreichte. Ich wollte für diese Menschen da sein, zumindest zuhören und für sie beten, gleichzeitig aber selbst nicht ausbrennen. Da kam mir die Idee, schon morgens in der Bibel zu lesen, um neue Kraft zu tanken. Eigentlich zählt für mich jede Sekunde im Bett, aber ich entschloss mich, den Versuch zu wagen. Zuerst war ich etwas enttäuscht, weil ich keine unmittelbare Veränderung spürte. Aus purem Gehorsam machte ich weiter und merkte irgendwann, dass ich viel zufriedener und ausgeglichener war. Eine Weile geht es gut, wenn ich das Bibellesen aber dann wieder schleifen lasse, merke ich, es fehlt mir etwas, ich brauche einfach diesen Seelendünger.

Und lass das Buch dieses Gesetzes nicht von deinem Munde kommen, sondern betrachte es Tag und Nacht, dass du hältst und tust in allen Dingen nach dem, was darin geschrieben steht.
Dann wird es dir auf deinen Wegen gelingen, und du wirst es recht ausrichten.

Josua 1,8

Viridiflora-Tulpe

China Town

Es war eigentlich schon viel zu spät zum Blumenzwiebelsetzen, aber diese Tulpe wurde mir im Baumarkt regelrecht nachgeschmissen. Also habe ich es trotzdem versucht und im Frühling über ihre wunderhübsch gezeichneten Blüten gestaunt! Auch wenn sie zart und luftig erscheinen, sind diese Tulpen sehr standfest, anspruchslos und vermehren sich gut. Es gibt auch orange, gelbe, rote und weiße Viridiflorasorten. Alle blühen relativ spät und dann für eine lange Zeit.

☼ ↕ 30 cm ↔ 15 cm ❀ 5

Triumph-Tulpe

Princess Irene

Eine edle Tulpe mit attraktiven blau-grünen Blättern. Die orangefarbenen Blüten sind purpurfarben geflammt und fallen schon von Weitem auf. Sie sind äußerst standfest, blühen sehr lange und halten sich gut in der Vase. Die Sorte ‚Orange Princess' hat große gefüllte Blüten, die fast wie Päonien aussehen, sind aber nicht so regenfest. Die beiden Sorten sollten auch zusammen gut aussehen, deswegen werde ich im Herbst noch weitere Zwiebeln dazusetzen.

☼ ↕ 35-34 cm ↔ 15 cm ❀ 4–5

Tulipa

Queen of Night

Von dieser dunklen Tulpe gibt es ebenfalls eine gefüllte Variante. Alleine könnten sie etwas düster wirken, aber wenn man sie eng zusammen mit orangefarbenen Tulpen wie ‚Orange Favourite' setzt, bilden sie eine atemberaubende Kombination. Ihre hohen Stängel biegen sich oftmals anmutig nach unten. Besonders schön sehen sie abends im Gegenlicht aus, oder am Morgen, wenn sich Tautropfen auf ihren samtigen Blütenblättern sammeln.

☼ ↕ 60 cm ↔ 15 cm ❀ 5

Tulpen

Mit den Tulpen kommt endlich richtig Farbe ins Beet. Als Erstes erscheinen bei mir die Wildtulpen. Irgendwie vergesse ich sie nach der Blüte regelmäßig und werde im Frühjahr immer von den kleinen Schönheiten überrascht. Neben den einfachen Tulpen gibt es noch die eleganten, lilienblütigen Tulpen, die ausgefransten Papageientulpen, die Viridiflora-Tulpen mit den grünen Streifen und gefüllte Sorten.

Eigentlich soll man Blumenzwiebeln nach der Blüte aus der Erde nehmen, aber das habe ich noch nie geschafft. Da der Boden bei uns im Sommer meistens richtig austrocknet, scheinen die Zwiebeln es mir nicht übel zu nehmen.

Als Schnittblumen halten sich Tulpen sehr lange und verblühen dann dramatisch: Sie sterben nicht ab, sie welken dahin, die reinsten Dramaqueens. Sie sind die einzigen Blumen, die auch noch nach dem Verblühen attraktiv aussehen.

Triumph-Tulpe

Couleur Cardinal

Diese Tulpe mag ich am liebsten. Sie steht bei mir unter dem Korkflügelstrauch und bildet mit ihren leuchtend roten Blüten einen tollen Kontrast zu seinen hellgrünen Blättchen. Sie ist genügsam, standfest, eignet sich für Kübel und duftet sogar!

☼ ↕ 35 cm ↔ 15 cm ❀ 4 ♥

Gute Schnittblumen

- Tulpen
- Schlüsselblumen
- Traubenhyazinthen
- Lilien
- Ranunkeln
- Wicken
- Vergissmeinnicht
- Hortensien
- Rosen
- Kornblumen
- Schmuckkörbchen
- Zinnien
- Glockenblumen
- Pfingstrosen
- Flieder
- Chrysanthemen

www.meingartenglueck.com

TIPP

Blumensträuße selber binden wie ein Profi.

SaatGut

Mit dem Vorziehen von Pflanzen tue ich mich schwer. Das liegt zum Teil am mangelnden Platz. (Mein Mann kriegt eine Krise, wenn sich zusätzlich zum Lego auch noch die Anzuchtschalen im Wohnzimmer ausbreiten.) Zum anderen scheitere ich oft daran, die jungen Pflänzchen abzuhärten, und sie langsam an das rauhe Klima draußen zu gewöhnen. Am liebsten sind mir winterharte Einjährige wie Jungfer im Grünen, Goldmohn und der einjährige Rittersporn. Wenn sie sich nach der Blüte versäen, blühen sie im darauffolgenden Jahr viel früher und füllen im späten Frühjahr die Lücken im Beet. Diese Blumen werden auch „Cool Flowers" genannt, weil ihnen die winterliche Kälte nicht schadet, manche brauchen sie sogar zur Keimung. Auch Stauden, die sich wohlfühlen, versäen sich bei mir. Bei Lavendel, Wolfsmilch und Salbei freue ich mich, Akelei, Frauenmantel, Katzenminze und Goldrute schneide ich lieber ab, sonst werden sie zur Plage.

Ich finde es schön, dass Gott in der Bibel als Gärtner beschrieben wird. Er ist ständig dabei, den Boden vorzubereiten, zu wässern und Samen auszubringen. Schwer zu sagen, ob mein Herz ein guter oder ein schlechter Boden ist. Dornige Sorgen kenne ich auf alle Fälle. Aber ich weiß auch, dass Gott das Wollen und das Vollbringen schenkt. Also bete ich dafür, dass Gott mein Herz vorbereitet, damit sein Wort auf guten Boden fällt und viel Frucht tragen kann.

Der gute Boden steht für die Herzen derer, die die Botschaft Gottes annehmen und eine große Ernte einfahren – dreißig, sechzig, ja hundert Mal so viel, wie gesät wurde.

Matthäus 13,23

Die leuchtend dunkelblauen Blüten der Iris harmonieren gut mit der dunklen Tulpe „Queen of Night". Schwertlilien gibt es in fast allen Farben.

Blaue Blüten

Meinen Korkflügelstrauch habe ich mit Schneeglanz unterpflanzt, was in der Blüte wie ein blaues Meer aussieht und eine Wirkung von Weite und Distanz erzeugt. Das passt gut zu dem hellgrünen Laub des kleinen Strauchs und den roten Tulpen. Blaue Blumen wirken angenehm kühl. Schon ihr Anblick lässt die Sommerhitze erträglicher erscheinen. In der Dämmerung sind Blau und Weiß noch lange sichtbar, deshalb lohnt es sich, Blumen in diesen Farben dorthin zu pflanzen, wo man laue Sommerabende genießen möchte.

Iris x barbata elatior

Schwertlilie

In unserem ehemaligen Sandkasten habe ich die leuchtendblaue Iris mit der dunklen Tulpe „Queen of Night" kombiniert. Noch dramatischer wäre eine Zusammenstellung mit roten oder orangefarbenen Tulpen.

☼ ↕ 60-70 cm ↔ 30 cm ❀ 5-6

Vergiss-meinnicht

Das zarte porzellanblaue Vergissmeinnicht steht für Liebe und Treue. In der Vase hält es sich sehr lange.

Aquilegia

1 Akelei

Akeleien gibt es in fast allen Farben, und in anderen Gärten habe ich auch schon zweifarbige und gefüllte Blüten bewundert. Damit sie sich nicht zu sehr versäen, schneide ich sie nach der Blüte radikal zurück. Meine blaue Sorte passt gut zu den hellgrünen Blättern des in der Nähe wachsenden Bauernjasmins.

☼☼ ↕ 60–90 cm ↔ 20–40 cm ❀ 5–6 ♥

Anemone coronaria

2 Kronen-Anemone

Eine wunderschöne kleine Zwiebelpflanze, die am liebsten frostfrei überwintern möchte, oder zumindest mit Reisig geschützt werden will. Ihre samtigen blauvioletten Blüten mit den fast schwarzen Staubgefäßen eignen sich auch gut für Frühlingssträuße. Wenn Verblühtes regelmäßig entfernt wird, blüht die Kronen-Anemone sehr viel länger.

☼☼ ↕ 30 cm ↔ 20 cm ❀ 4–6

Baptisia australis

3 Blaue Färberhülse

Diese seltene Pflanze hat attraktive blaugrüne Blätter und einen buschigen Wuchs. Ihre Blüten sehen aus wie riesige Lupinen und ziehen viele Schmetterlinge an. Trotz ihres zarten Aussehens ist diese große Staude unkompliziert und winterhart. Wie ihr Name schon vermuten lässt, enthalten alle Pflanzenteile einen indigoblauen Farbstoff.

☼ ↕ 120–150 cm ↔ 80–120 cm ❀ 5–6

1

2

3

FeindesLiebe

So richtig fiese Feinde habe ich zum Glück nicht, aber es gibt schon Menschen, die mir das Leben schwer machen. Oft versteht man sich mit den Nachbarn am besten, mit denen man keine gemeinsame Grenze hat. Dementsprechend habe ich am meisten Ärger mit meinen direkten Nachbarn. Dabei sind sie eigentlich nett und freundlich, wir haben nur leider ganz unterschiedliche Vorstellungen, wie ein Garten aussehen sollte. Unser Garten ist grün, wild und wunderbar. Manchmal etwas *sehr* natürlich und üppig, und wenn ich nicht aufpasse, ranken die Rosen gerne mal über den Zaun.

Der Garten meiner Nachbarn besteht hauptsächlich aus Steinen, einigen grauen Skulpturen und ein wenig Rasen. Einen größeren Gegensatz gibt es kaum. Ein trauriger Anblick, aber damit kann ich leben. Ärgerlich werde ich aber, wenn meine Nachbarn mir nicht, wie vereinbart, Bescheid sagen, dass sie etwas stört. Stattdessen schneiden sie meine Rosen selbst (unsachgemäß) ab und werfen die Triebe zu mir rüber. Dann bin ich eine Weile mit Entwirren, Grummeln, Beten, Vergeben, Schimpfen und noch mal Vergeben beschäftigt ...

Da das immer wieder vorgekommen ist, kam ich auf die Idee, einen Judasbaum oder „Herzbaum" zu pflanzen, den ich aufgrund seiner herzförmigen Blätter der Feindesliebe widmete. Das erscheint vielleicht etwas dramatisch, hilft mir aber dabei, für meine Nachbarn zu beten und möglichst in Frieden mit ihnen zu leben. Dieses Jahr haben sie tatsächlich zum ersten Mal Bescheid gesagt, dass ich die Rosen abschneiden soll. Das hat mich total gefreut.

Tragt euren Teil dazu bei, mit anderen in Frieden zu leben, so weit es möglich ist!

Römer 12,18

Bäume werfen wertvollen Schatten. Wegen der höheren Luftfeuchtigkeit ist der Schatten unter Bäumen besonders angenehm.

Kleine Bäume

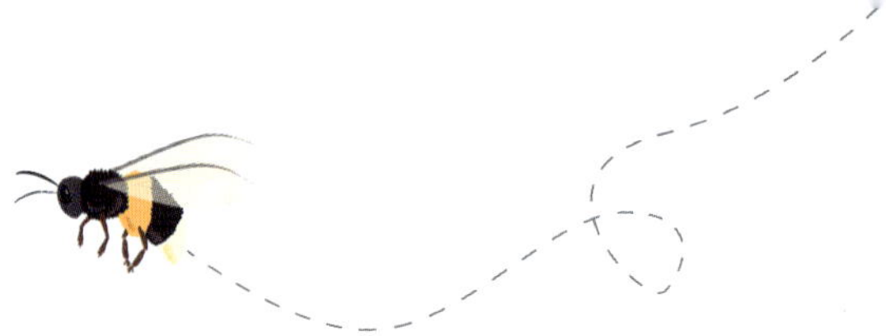

Cercis siliquastrum ‚Alba'

1 Judasbaum

An diesem kleinen Baum gefallen mir die glänzenden herzförmigen Blätter am besten. Sie erscheinen erst nach der Blüte Anfang Mai, bleiben den ganzen Sommer über sattgrün und verfärben sich im Herbst gelb.

☼ ↕ 3–6 m ↔ 3–6 m ❀ 4–5

Malus domestica ‚Roter Berlepsch'

2 Apfel

Diesen Apfelbaum haben wir zwar schon seit elf Jahren, viel getragen hat er aber noch nicht. Seine Früchte haben einen herrlich sauren, kräftigen Geschmack, genauso wie ich ihn liebe. Also will ich Geduld mit ihm haben.

☼ ↕ 3–4 m ↔ 4–6 m ❀ 4–5

Tetradium (früher: Euodia hupehensis)

3 Bienenbaum

Diesen Baum habe ich extra für die Insekten angepflanzt. Seine weißen nektarreichen Blüten sollen so attraktiv sein, dass die Wespen sogar den Kuchen dafür stehen lassen. Die purpurroten Früchte sind bei den Vögeln beliebt.

☼ ☀ ↕ 12 m ↔ 10 m ❀ 8–9

Malus ‚Red Sentinel'

4 Zierapfel

Die weißen Blüten dieses kleinen Baumes wirken durch die rosa Knospen besonders malerisch. Im Herbst trägt er rote kleine Äpfelchen, die sehr lange am Baum hängen und von den Vögeln gerne angenommen werden.

☼ ☀ ↕ 2,5–3,5 m ↔ 4–5 m ❀ 4–5 ♥

Cornus mas

5 Kornelkirsche

Eine heimische Wildpflanze, die mit ihren puscheligen gelben Blüten schon früh im Jahr die Insekten mit Nektar und Pollen versorgt. Die roten Früchte sind essbar und eine schöne Herbstfärbung hat dieser kleine Baum auch!

☼ ☀ ↕ 4–8 m ↔ 6–8 m ❀ 4–5

Prunus serrulata ‚Kiku-shidare-zakura'

6 Zierkirsche

Meine Zierkirsche blüht zwar nur zwei Wochen lang, dafür sehr üppig. Sie wächst mehr breit als hoch und wirkt sehr malerisch. Zur Blütezeit lässt sie den Rasen wie einen rosafarbenen Teich erscheinen.

☼ ↕ 3–5 m ↔ 3–6 m ❀ 4

Pyrus salicifolia ‚Pendula'

7 Wildbirne

Die weidenblättrige Wildbirne habe ich hauptsächlich wegen ihrer schmalen silbrigen Blätter und ihrer malerisch herabhängenden Zweige gepflanzt. Ihre weißen Blüten gehen eher unter, aber die Bienen freuen sich daran.

☼ ↕ 4–5 m ↔ 4–5 m ❀ 4–5 ♥

Magnolia ‚Spectrum'

8 Magnolie

Diese dekorative Magnolie mit den gedrehten dunkelrosa Blüten wächst bei meinen Nachbarn. Durch die späte Blütezeit ist sie nicht so frostempfindlich wie andere Sorten. Besonders als Solitär kommt sie so richtig zur Geltung.

☼ ☀ ↕ 5–8 m ↔ 3–5 m ❀ 4–5

Cornus ‚Nuttallii'

9 Blumenhartriegel

Die Scheinblüten dieses kostbaren Bäumchens wandeln sich von grün nach weiß und halten lange. Es gibt auch Blumenhartriegel mit rosa Blüten. Im Herbst staune ich immer wieder über seine orange-purpurroten Blätter.

☼ ☀ ↕ 3–6 m ↔ 2–5 m ❀ 4–5 ♥

1

2

3

4

5

6

7

8

9

KraftVoll

Ich habe immer wieder darüber nachgedacht, wie sich David wohl „in dem Herrn“ gestärkt hat. Vielleicht wird das aber auch nicht so genau in der Bibel erklärt, weil es für jeden Menschen anders ist. Mir tut es gut, in der Natur zu sein, ganz besonders aber Zeit im Garten zu verbringen. Am liebsten wusele ich nach Lust und Laune einfach drauflos, schneide hier verblühte Rosen ab, harke dort ein paar Blätter zusammen und klöne ein Weilchen mit den Nachbarn. Zwischendurch nasche ich ein bißchen von den Brombeeren, den Cherrytomaten oder den Walderdbeeren, rieche an den Blüten und beobachte die Bienen und Schmetterlinge. Am schönsten ist es, wenn die ganze Familie im Garten ist und jeder draußen vor sich hinwerkelt – oder mir zumindest unsere Katze Gesellschaft leistet, das tut einfach nur gut.

Ich merke immer wieder, wie bei der Gartenarbeit alle Sorgen oder Stress von mir abfallen, die Zeit verfliegt und ich innerlich zur Ruhe komme. Längst vergessene Anbetungssongs oder Lieder aus Jugendchorzeiten kommen mir plötzlich in den Sinn. Ich bete dann nicht, sondern rede mit Jesus als meinem Freund oder freue mich ganz einfach an seiner Gesellschaft. Wenn ich dann wieder „auftauche“, bin ich tatsächlich gestärkt. Diese kleinen Auszeiten im Garten gönne ich mir viel zu selten. Wenn ich gerade eine besonders anstrengende Zeit hinter mir habe, möchte ich am liebsten jeden Tag mindestens eine kurze Zeit im Garten verbringen und bei Gott neue Kraft tanken.

Zierlauche treiben grün aus. Ihre welkenden Blätter versuche ich zu kaschieren, indem ich später blühende Stauden daneben- pflanze.

David aber stärkte sich in dem Herrn, seinem Gott.

1. Samuel 30,6 (LUT)

Zierlauch

Diese Zwiebelpflanzen sind einfach unwiderstehlich. Gut, dass es so viele unterschiedliche Arten gibt. Die meisten haben violette Blüten, es gibt aber auch Züchtungen in weiß, rosa, rot, gelb und blau. Auch wenn die Zierlauche verblüht sind, setzen ihre erst grünen und später braunen Kugeln noch interessante Akzente im Beet. Meine Lauche scheinen sich im sonnigen Toskana-Beet besonders wohlzufühlen. Inzwischen blühen sogar schon ihre Sämlinge.

Allium aflatunense ‚Purple Sensations'

Iran-Lauch

Die violetten Blütenbälle dieses Zierlauchs leuchten von Weitem, wirken aber auf ihren hohen Stielen trotzdem luftig leicht. Ich liebe die Kombination mit gelbem Steinkraut, gelbgrüner Wolfsmilch und niedriger Katzenminze. In Sträußen kombiniere ich sie gerne mit dén tief pupurrosa Blüten der Pfingstrose ‚Rubra Plena'.

☼ ↕ 75–80 cm ↔ 20 cm ❀ 4–5 ◊ ♥

Trockenblumen

Deko-Tipp

Sobald alle Blüten geöffnet sind, die Kugeln kopfüber an einem dunklen luftigen Ort aufhängen. Die getrockneten Blüten halten manchmal jahrelang. Der Sternkugellauch eignet sich besonders gut, da sich seine Farbe beim Trocknen kaum verändert.

Allium christophii

Sternkugel-Lauch

Dieser Lauch hat riesige metallic-rosa Kugelblüten, die sich aus vielen kleinen sternförmigen Einzelblüten zusammensetzen. Wenn die Blüten erscheinen, sind die Blätter meist schon vergilbt. Deswegen braucht der Lauch Nachbarstauden, die seine Blätter verdecken. Die verblühten Kugeln lasse ich lange stehen, sie sind auch dann noch ein Hingucker. Manchmal stecke ich sie aber auch an einen anderen Ort, der gerade einen kleinen Akzent braucht.

☼ ↕ 40–60 cm ↔ 20–40 cm ❀ 5–7 ◊

Allium karataviense

Blauzungen-Lauch

Ich freue mich immer über die saftig grünen Blätter der Lauche, weil sie mir die Blüten ankündigen. Bei diesem kleinen Lauch sind auch die grau-blau-grünen Blätter interessant. Sie sehen tatsächlich aus wie lange Zungen. Aber die weißlich-rosa Blüten sind ebenfalls sehr dekorativ. Ich habe diesen Lauch in den Beetrand gesetzt und etwas Platz um ihn herum gelassen, damit er gut zur Geltung kommt. So streckt mir diese freche kleine Pflanze für alle sichtbar die Zunge raus!

☼ ↕ 20–25 cm ↔ 30 cm ❀ 5–6 ◊

Allium giganteum

Riesen-Lauch

Dieses gigantische Gewächs habe ich erst seit drei Jahren im Garten. Seine riesigen Bälle auf den hohen stabilen Stängeln sind eine echte Bereicherung, besonders für den Beethintergund. Seine rosa-violetten Blüten erscheinen relativ spät und locken mit ihrem zarten Duft Bienen, Hummeln und andere Insekten an. Ich habe ihn mit der purpurroten Englischen Rose ‚Munstead Wood', hellgrünem Purpurglöckchen und der hellen Heckenmyrthe ‚Baggesen's Gold' kombiniert.

☼ ↕ 80–200 cm ↔ 30–40 cm ❀ 6–8 ◊

Insekten lieben den Lauch mit seinen vielen kleinen Blüten sehr, weil sie bei ihm viel Nektar bekommen, ohne weit fliegen zu müssen.

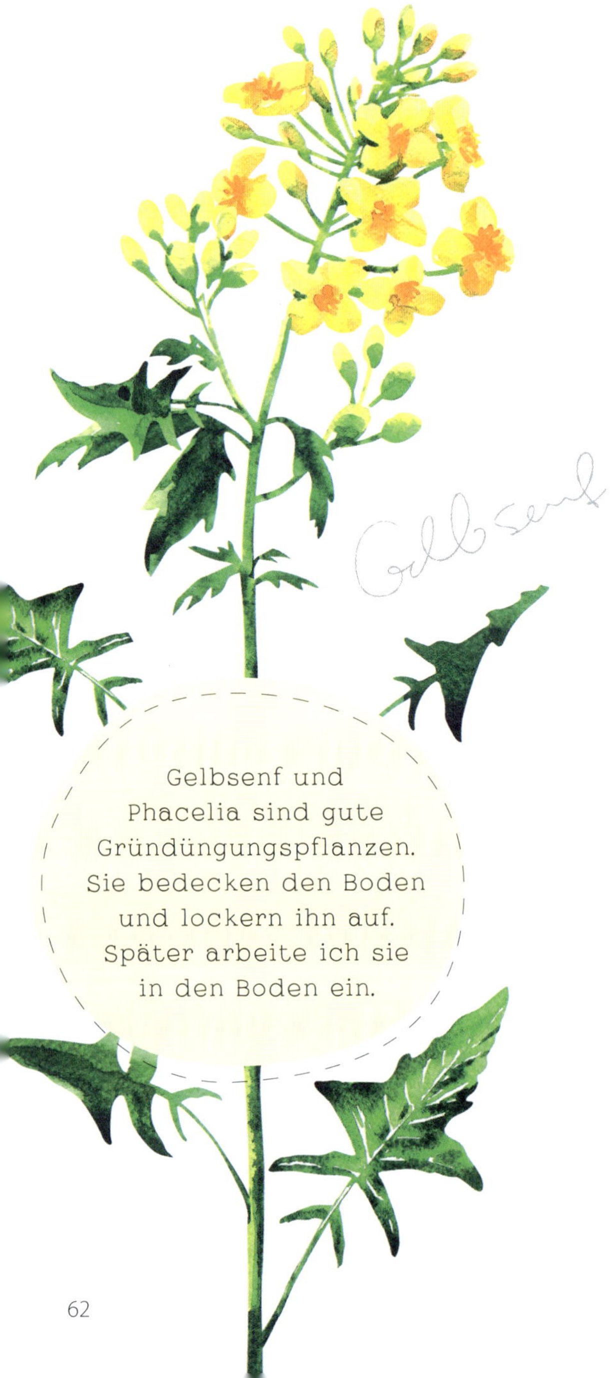

Gelbsenf und Phacelia sind gute Gründüngungspflanzen. Sie bedecken den Boden und lockern ihn auf. Später arbeite ich sie in den Boden ein.

WiderstandsFähig

Ganz am Anfang meiner Arbeit in meinem Garten habe ich auf allen Beeten Gelbsenf und Phacelia gesät. Diese ca. 60 cm hohen Pflanzen sollten verhindern, dass sich Unkraut breitmachen konnte, und bedeckten den Boden wie ein grüner Pelz. An den Wegrändern wurden sie höchstens 20 cm hoch, weil sie ständig heruntergetreten wurden. Als ich die Pflanzen später ausgerissen habe, um sie als als Dünger unterzugraben, ging das zunächst richtig gut. Der Boden war locker und die hohen Pflanzen ließen sich rausziehen wie Butter. Als ich aber zu den Wegrändern kam, war das eine ganz andere Sache. Die kleinen Biester hatten sich regelrecht im Boden festgekrallt, damit sie das ständige Betreten überlebten, und konnten nun nur noch mit viel Mühe ausgerissen werden. Es war eine schweißtreibende Angelegenheit.

Den gleichen Effekt soll es haben, wenn man in regelmäßigen Abständen an jungen Bäumen rüttelt. Durch die Irritation verwurzelt der Baum sich stärker und wird stabiler, das habe ich aber noch nicht ausprobiert. Auf alle Fälle erinnert mich die Gründüngung immer daran, dass äußere Einflüsse auch uns nicht umwerfen müssen. Im Gegenteil, wenn ich Gott an meiner Seite habe, müssen mir alle Dinge zum Besten dienen. Und sie können mich widerstandsfähiger machen, damit ich genauso zäh und standfest werde wie meine Gründüngung, weil ich bei Gott fest verwurzelt bin.

In diesem allen sind wir mehr als Überwinder durch den, der uns geliebt hat.

Römer 8,37

1

2

3

4

Bodendecker

Diese genügsamen Stauden werden oft unterschätzt. Dabei halten sie den Boden feucht, schützen ihn vor Starkregen und dienen als hübsche Untermalung für höhere Pflanzen. Im Herbst fangen meine Bodendecker klammheimlich das herabfallende Laub ein, damit es zu wertvollem Dünger verwandelt werden kann.

Pflanzen, die sich sehr stark ausbreiten wie Zitronenmelisse, Immergrün, Waldmeister, Pfefferminze, Maiglöckchen und Gilbweiderich pflanze ich lieber in Töpfe.

Epimedium versicolor ‚Sulphureum'

1 Elfenblume

Ein wunderbarer Bodendecker, der auch mit trockenem Boden und Schatten zurechtkommt. Damit seine zierlichen Blüten zur Geltung kommen, schneide ich die Blätter Mitte Februar zurück. Es gibt rosa, orange, rot, cremeweiß oder violett blühende Sorten, einige haben eine schöne Herbstfärbung. Die eleganten Blätter eignen sich gut für Sträuße.

☼☀ ↕ 30 cm ↔ unbegrenzt ❀ 3–4 💧 ♥

Ajuga reptans ‚Catlin´s Giant'

2 Purpur-Günsel

Normalerweise wachsen Günsel recht flach, diese Sorte aber kann bis zu 30 cm hoch werden. Mit ihren blauvioletten Blüten lockt der Bodendecker viele Insekten an. Ich lasse die immergrüne Pflanze zwischen Trittsteinen wachsen und er nimmt auch schattige Standorte nicht übel. Er vermehrt sich durch Ausläufer, wurde mir aber noch nie lästig.

☼☀ ↕ 30–25 cm ↔ unbegrenzt ❀ 5–6

Omphalodes verna

3 Gedenkemein

Einen Ableger dieser anspruchslosen Staude habe ich von meiner Mutter bekommen. Bei ihr wächst der Bodendecker unter einer Zierquitte und bildet einen interessanten Kontrast zu ihren roten Blüten. Er hat herzförmige Blätter und bildet sogar im Schatten durch seine Ausläufer einen dichten Teppich.

☼☀ ↕ 20–25 cm ↔ unbegrenzt cm ❀ 3–5

Waldsteinia ternata

4 Golderdbeere

Diese hübsche Staude wächst bei mir unter dem Kugelahorn. Sie bringt mit ihren leuchtend gelben Blüten auch dunkle Ecken zum Leuchten, breitet sich langsam aus und unterdrückt das Unkraut erfolgreich. Für mich ist diese immergrüne Pflanze der ideale Bodendecker, ich werde noch mehr davon setzen.

☼☀ ↕ 10–25 cm ↔ unbegrenzt ❀ 4–5

Schöne Bodendecker

- Tiarella
- Stachelnüsschen
- Kleines Immergrün
- Haselwurz
- Storchschnabel
- Beinwell
- Pfennigkraut
- Günsel
- Waldmeister
- Dickmännchen
- Thymian
- Polsterphlox

GeliebtesGrün

Bereits als Kind hatte ich eine besondere Beziehung zu Pflanzen. Und noch heute könnte ich aufzeichnen, wo welche Pflanzen in unserem Garten in Berlin wuchsen, obwohl ich damals erst im Vorschulalter war. Ich erinnere mich noch, wie ich die Ameisen beobachtete, die dort am Stamm unseres Kirschbaums hochkletterten. Als Schulkind sammelte ich dann Zimmerpflanzen: Grünlilien, Zierspargel, Bubikopf und lebende Steine. Meine Schwester und ich bekamen jede ein eigenes kleines Gemüsebeet, in dem wir mehr Gemüse ernteten als meine Mutter in ihren großen Beeten. Als ich dann nach der Hochzeit mit meinem Mann in eine Mietwohnung zog, stand der Balkon schon bald voller Kübelpflanzen (und der Esstisch voller vorgezogener Tomaten, sehr zum Leidwesen meines Mannes).

Ganz klar: Ohne Pflanzen fehlt mir etwas, selbst im Urlaub brauche ich Grün um mich herum. Mir selbst war gar nicht klar, wie wichtig Pflanzen für mich sind, aber Gott anscheinend schon. Ich steckte gerade in einer nervenaufreibenden Zeit auf der Arbeit und war kurz davor zu kündigen, als mir klar wurde, dass ich bleiben sollte. Zum Glück haben damals viele für mich gebetet, sonst hätte ich diese Zeit bestimmt nicht unbeschadet überstanden. Und dann bekamen wir ein kleines Haus mit einem Garten, das war für mich ein echtes Geschenk. Als würde Gott sagen: „Du hast mir vertraut, jetzt reicht es, nun will ich dir eine Freude machen!"

Auch wenn sie mit ihren großen Blüten und dem feinen Laub nicht so wirken, sind Päonien äußerst robust und kommen erstaunlich gut mit Hitze und Trockenheit zurecht.

Vertraue auf den Herrn und tue Gutes,
dann wirst du im Lande sicher leben,
und es wird dir gut gehen.
Freu dich am Herrn, und er wird dir geben,
was dein Herz wünscht.

Psalm 37,3–4

1

2

3

Pfingstrosen

Sowohl Staudenpfingstrosen als auch Baumpäonien sind pflegeleicht und sehen auch nach der Blüte noch attraktiv aus, weil sie so schöne Blätter haben. Beide Arten blühen von Jahr zu Jahr üppiger und schöner.

Baumpäonien haben es mir besonders angetan. Im ersten Jahr nach der Pflanzung habe ich ihre Knospen abgeschnitten, damit sie ihre Kraft in die Wurzeln stecken. Als ich im zweiten Jahr festgestellt habe, dass ich zwei Sorten verwechselt hatte, war es zu spät. Das Umpflanzen mögen die Päonien gar nicht.

Aber auch die ganz normalen Bauernpfingstrosen sind toll, besonders in Kombination mit violettem Zierlauch. Ihre Blüten und Blätter verwende ich gerne in Blumensträußen.

Paeonia lactiflora ‚Coral Charm'

1 Staudenpfingstrose

Obwohl diese Pfingstrose sehr standfest ist, lasse ich sie durch ein Gitter wachsen, um sie zu stützen. Ihre schalenförmigen Blüten wechseln von einem weichen Rosa zu einem cremigen Weiß und werden von Bienen und Hummeln fleißig umschwirrt. Sie eignen sich aber auch gut als Schnittblumen für die Blumenvase.

☼☼ ↕ 70–100 cm ↔ 70 cm ❀ 5 ◊

Paeonia lutea ‚Anna-Marie'

2 Lutea-Hybride

Eine herrliche Pfingsrose mit 17 cm großen lavendelfarbenen Blüten. Ich bin froh, dass ich sie mit der kupfergelben ‚Trepsichore' verwechselt habe , die ich eigentlich hatte pflanzen wollen, und sie nun gut sichtbar im Vorgarten blüht. Lutea-Hybriden haben extravagante Farben, üppiges Laub und verströmen oft einen betörenden Duft.

☼☼ ↕ 150 cm ↔ 140–160 cm ❀ 5 ◊ ♥

Paeonia lutea ‚Terpsichore'

3 Strauchpfingstrose

Diese schöne Päonie scheint sich endlich von dem Hagelsturm vor einigen Jahren erholt zu haben. Bald werden sich ihre Knospen zu großen einfachen Blüten öffnen. Jede einzelne Blüte ist ein kleines Kunstwerk in Gelbtönen mit etwas Violett und duftet ganz leicht. Die Pflanze stütze ich mit einem Ring.

☼☼ ↕ 120–150 cm ↔ 110–130 cm ❀ 5 ◊ ♥

Päonien pflanzen

Praxis-Tipp

Staudenpfingstrosen nicht zu tief pflanzen.

Baumpäonien tief und etwas schräg setzen, damit die Veredelung 10-15 cm im Boden liegt und sich weitere Wurzeln bilden können.

ZeitPunkt

Ich habe festgestellt, dass ich mir die Gartenarbeit erleichtern kann, wenn ich den richtigen Zeitpunkt abpasse. Zum Beispiel warte ich die Eisheiligen ab, bevor ich empfindliche Pflanzen raussetze, sonst gehen sie womöglich ein. Lavendel schneide ich möglichst nach dem Regen, dann sind die Zweige biegsamer und das Schneiden geht nicht so auf die Hände. Rasenmähen geht sowieso nur an trockenen Tagen – manchmal bin ich deshalb ganz froh über den Regen, aber zu hoch darf das Gras natürlich auch nicht werden. Einige Stauden wie Katzenminze, Glockenblumen und Salbei schneide ich gleich nach der Blüte zurück, dann blühen sie noch ein zweites Mal. Und wenn ich das Unkraut ausreiße, bevor es sich versäen kann, erspare ich mir besonders viel Arbeit!

Ein ehemaliger Kollege ist manchmal bei gutem Wetter am Nachmittag früher nach Hause gegangen, um in seinem Garten zu werkeln. Das möchte ich mir abgucken, nicht nur für die Gartenarbeit. Genau wie dieser Kollege das Wetter beobachtet hat, um den richtigen Zeitpunkt abzupassen, möchte ich Jesus im Blick haben. Er war immer zur rechten Zeit am richtigen Ort, deswegen möchte ich darauf achten, was er mir vor die Füße legt. Das können ganz kleine Sachen sein, wie jemandem zu helfen oder ein kurzes Gebet. Einmal habe ich spontan bei einem Feueralarm für Schutz gebetet, und dass die Versicherung den Schaden bezahlt. Sehr viel später habe ich erfahren, dass sich Gott um beides gekümmert hat. Und für mich war es erstaunlich, dass er mich für eine Familie beten ließ, mit der wir uns erst viel später angefreundet haben. Das ist meine Art, mit Jesus verbunden zu bleiben.

Mohnblüten sind so luftig und schön, dass diese Pflanze bei mir wachsen darf, wo sie will.

Lebt also wachsam und voller Erwartung, denn ihr kennt den Zeitpunkt nicht.

Matthäus 25,13

Papaver nudicaule

Islandmohn

Ein unwiderstehlicher kleiner Mohn, der so filigran aussieht, als ob ihn der leiseste Windhauch wegwehen könnte. Er ist aber erstaunlich robust, kommt mit jedem Boden klar und braucht wenig Pflege. Lange habe ich ihn bei meiner Nachbarin bewundert, nun habe ich mir auch drei Pflänzchen gekauft: einen gelben, einen roten und einen weißen Mohn. Da der Islandmohn Staunässe verabscheut, werde ich die Pflanzen auf die Mauerkrone setzen. Ich hoffe, dort fühlt er sich so wohl, dass er sich weiter im Garten versät.

☼ ↕ 30–50 cm ↔ 20–30 cm ❀ 4–9

Papaver orientale ‚Patty's Plum'

Pattys Plum

Dieser türkische Mohn ist mit seinen großen knittrigen Blüten und der außergewöhnlichen Farbe jedes Jahr ein Highlight in meinem Garten.
Ich hätte ihn besser etwas weiter hinten ins Beet gepflanzt, damit nach der Blüte kein Loch entsteht. Umpflanzen geht wegen der Pfahlwurzeln schlecht, also setze ich einjährige Duftwicken in die kahlen Stellen, die klettern bis zu seinen Samenkapseln hoch.

☼ ↕ 50–70 cm ↔ 60–80 cm ❀ 5–6 ♥

Eschscholzia californica

Goldmohn

Der Kalifornische Mohn ist eine richtige Gute-Laune-Blume. Seine orangegelben Blüten und die zarten graugrünen Blätter wiegen sich im leisesten Windhauch und leuchten von Weitem. Die genügsame Pflanze braucht weder Wasser noch Dünger, ist allerdings in unseren Breiten nicht winterhart. Dafür versät sie sich von alleine, und man weiß nie, wo sie im nächsten Jahr auftauchen wird. Bei mir ist sie überall willkommen, im Beet und auch in Wegritzen. Wenn der Mohn es übertreibt, rupfe ich ihn einfach raus.

☼ ↕ 30–40 cm ↔ 30–45 cm ❀ 5–10 💧 ♥

Die Blüten des Staudenmohns ziehen alle Blicke auf sich. Bienen, Hummeln und Schwebfliegen lieben seine besonders nährstoffhaltigen Pollen.

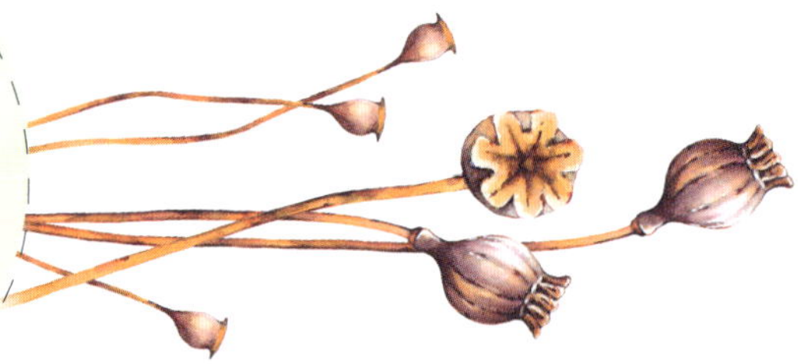

Mohn

Als nach der Bauzeit bei uns noch nicht allzu viel wuchs, hat sich der rote Mohn überall versät und den Garten in ein Blütenmeer verwandelt. Es sah ein bisschen aus wie ein Getreidefeld, mit blühendem Klatschmohn und blauen Kornblumen, ganz herrlich. Inzwischen wächst so viel in meinem Garten, dass sich schon durchsetzen muss, wer sich hier versähen möchte. Aber auch jetzt schaffen es immer einige dieser zarten Geschöpfe, eine Mauerritze oder Steinfuge zu ergattern.

Samen ernten

Praxis-Tipp

- Samen sind reif, wenn die Blütenblätter völlig verwelkt sind.
- An trockenen windstillen Tagen ernten. Einzelne Samen in eine Tüte schütteln oder ganze Rispen abschneiden.
- Zum Trocknen auf Zeitungspapier an einem luftigen warmen Ort im Schatten ausbreiten.
- Nach ca. zwei Wochen die rascheltrockenen Zweige ausschütteln und die Samen in beschriftete Papiertütchen füllen.
- Bei trockener und kühler Lagerung sind die meisten Blumensamen 2 bis 5 Jahre keimfähig.

www.meingartenglueck.com

DIY

Samentüten zum Ausdrucken und Basteln

Besonders geeignet

Akelei
Kornblumen
Wicken
Schmuckkörbchen
Ringelblumen
Kapuzinerkresse
Stockrosen
Frauenmantel
Ziermohn
Margeriten
Sonnenblumen
Malven

GutBehütet

Viele meiner Pflanzen habe ich bewusst ausgewählt, um Insekten anzulocken. Inzwischen summt und brummt es schon ganz schön in meinem Garten, aber da ist natürlich immer noch Luft nach oben. Um herauszufinden, wie ich meinen Garten noch bienenfreundlicher gestalten kann, habe ich vor einiger Zeit im Internet über Wildbienen recherchiert. Zufällig bin ich dabei auf ein Foto des Bienenexperten Paul Westrich gestoßen, auf dem sechs Sandbienen in einer Glockenblume zusammengekuschelt schliefen. So waren sie vor dem Regen geschützt und nicht allein. Ich war von dem Foto hin und weg und habe anschließend in meinem Garten die Pfirsichblättrigen Glockenblumen abgesucht, ob auch dort Bienen Schutz gesucht haben. Und tatsächlich habe ich mehrere Blüten entdeckt, in denen sie es sich gemütlich gemacht haben, total niedlich! Jetzt halte ich natürlich erst recht danach Ausschau ...

Das Bild von den Bienen in der Blüte ist für mich sehr eindrücklich ein Beispiel für Gottes Schutz. Die Bienen liegen dort völlig sicher, geschützt von Wind und Wetter, sind nicht alleine und haben sogar notfalls in der Nähe etwas zu futtern! Außerdem ist ihr Zufluchtsort noch wunderschön, mehr kann man wirklich nicht erwarten. Wenn ich mich dann mal klein und hilflos fühle, stelle ich mir vor, wie ich bei Gott Zuflucht suche und bei ihm genauso liebevoll beschützt schlafen kann wie die Bienen.

Wer im Schutz des Höchsten lebt,
der findet Ruhe im Schatten des Allmächtigen.

Psalm 91,1

Die zarten Glockenblumen passen gut in romantische Gärten. Sie sind außerdem schöne Begleiter für Rosen.

Glockenblumen

Es gibt viele unterschiedliche Arten von Glockenblumen, von ganz kleinen Glöckchen bis zu fast zwei Meter hohen Exemplaren. Farblich decken sie die verschiedensten Blau- und Violetttöne ab, aber es gibt auch weiße und rosa Sorten – ich finde sie alle ganz bezaubernd. Im Garten sind sie vielseitig einsetzbar, es wird sich für jeden Standort eine passende Glockenblume finden.

Wildbienen warten manchmal in Blüten von Malven oder Glockenblumen den Regen ab. Hin und wieder übernachten sie dort sogar.

Campanula poscharskyana

1 Polsterglockenblume

Die sternförmigen violetten Blüten dieser Sorte sind bei Bienen und Hummeln sehr beliebt. Der Bodendecker eignet sich gut für Mauerkronen und als Beeteinfassung, ist äußerst winterhart, möchte aber ab und zu gegossen werden.

☼☼ ↕ 10–20 cm ↔ 30–40 cm ✿ 5–9

Campanula persicifolia

2 Hohe Glockenblume

Sie wird auch „pfirsichblätterige Glockenblume" genannt und hat mit ihren weißen und hellvioletten Blüten etwas märchenhaftes. Wenn man verblühte Triebe entfernt, blüht sie sogar noch länger.

☼ ↕ 90 cm ↔ 40 cm ✿ 5–7 ♥

Campanula glomerata

3 Knäuel-Glockenblume

Die violett-blauen Büschelblüten dieser Glockenblume harmonieren gut mit rosa, roten und weißen Rosen. Sie fühlt sich aber auch im Halbschatten kombiniert mit Farnen wohl.

☼☼ ↕ 40–50 cm ↔ 40 cm ✿ 6–7

Campanula cochleariifolia

4 Zwerg-Glockenblume

Die kleinste in der Familie der Glockenblumen hat nur anderthalb Zentimeter große Blüten, die sich im Wind bewegen. Besonders niedlich ist es, wenn sich dicke Hummeln hineinzwängen wollen.

☼ ↕ 10–20 cm ↔ unbegrenzt ✿ 6–8

ErfahrungsWert

Jeder hat ja so seine Zugänge zu Gott, meine sind „aktiv sein", „Natur" und „Kontemplation". Ich fühle mich Gott also richtig nahe, wenn ich mitten im Winter ganz alleine die Gründüngung untergrabe. Manchmal finde ich es schwierig, dass ich Gott nicht sehen kann. Am liebsten wäre es mir, wenn er neben mir stehen würde und ich mit ihm reden könnte, wie mit einem Menschen. Zum Glück hilft mir mein Vorstellungsvermögen dabei, ihn besser zu begreifen. Er hat schließlich versprochen, immer bei mir zu sein, also stelle ich mir einfach vor, wie Jesus mit mir durch den Garten geht. Das ist sowieso der Ort, an dem ich mich am meisten mit ihm verbunden fühle. Wenn mich jemand fragen würde: „Wo ist Gott?", würde ich wahrscheinlich gedankenverloren antworten: „Keine Ahnung. Hast du schon im Garten nachgesehen?"

Ich freue mich an meinen Pflanzen mit ihren Blüten, Blättern und Früchten und nehme sie bewusst als ein Geschenk von Gott wahr. Ganz besonders freuen mich Überraschungen wie die schlafenden Wildbienen in der Glockenblume. Es ist etwas ganz anderes, ein Foto anzusehen oder etwas live im eigenen Garten zu beobachten. Noch schöner war ein Erlebnis, das ich vor Jahren auf dem Nachhauseweg hatte. Plötzlich hörte ich innerlich eine Stimme „Ich liebe dich" sagen. Normalerweise hätte ich anschließend eine Weile gegrübelt, ob das wirkliche Gottes Stimme war oder ich mir das selbst überlegt hatte. Aber dieses Mal stellte sich mir die Frage gar nicht. Ich antwortete einfach ganz spontan: „Ich dich auch!"

Die Sträucher habe ich zu eng gepflanzt, mindestens zwei Meter Abstand wären besser gewesen. Aber so weben sich ihre Zweige ineinander, das ist auch schön.

Bisher kannte ich dich nur vom Hörensagen, doch jetzt habe ich dich mit eigenen Augen gesehen.

Hiob 42,5

Ziersträucher

Viele meiner Sträucher wachsen an einem kleinen Hang. Durch unseren neuen Staketenzaun wird das Unkrautjäten unter ihnen schwierig. Also werde ich die Sträucher mit pflegeleichten Bodendeckern unterpflanzen.

Kolkwitzia amabilis

1 Perlmuttstrauch

Dieser malerische Strauch benötigt etwas Platz für seine überhängenden Zweige. Seine rosa Blüten duften angenehm und locken Bienen an. Im Herbst verfärbt er sich rötlich.

☼☼ ↕ 2–3 m ↔ 3–4 m ✿ 5–6 💧

Amelanchier lamarckii

2 Felsenbirne

Ende April ist dieser strauchartige Baum über und über mit weißen Blütendolden bedeckt. Seine Früchte sollen sogar essbar sein. Im Herbst verfärben sich die Blätter sehr schön orangerot.

☼☼ ↕ 3–6 m ↔ 3–6 m ✿ 4–5

Cotinus coggygria ‚Golden Spirit'

3 Perückenstrauch

Ich mag die hellgrüne Variante des bekannten rotlaubigen Perückenstrauchs ‚Royal Purple' sehr. Beide haben interessante Puschelblüten und haben eine spektakuläre Herbstfärbung.

☼☼ ↕ 4 m ↔ 4 m ✿ 6–7

Viburnum plicatum ‚Mariesii'

4 Schneeball

Dieser malerische Strauch wächst etagenförmig und hat hortensienartige Blüten, die über den sattgrünen Blättern zu schweben scheinen. Im Herbst verfärben sich die Blätter leuchtend rot.

☼ ↕ 7–10 m ↔ 4–8 m ✿ 4–5

Calycanthus floridus

5 Gewürzstrauch

Ein hübscher kleiner Strauch mit auffallend glänzenden Blättern und ungewöhnlichen rostroten Blüten, die besonders am Abend einen fruchtigen Duft verströmen.

☼ ↕ 1,5–3 m ↔ 1,5–2 m ✿ 5–5

Buddleja alternifolia

6 Sommerflieder

Der hängende Sommerflieder blüht schon im Juni, ist aber genauso beliebt bei den Insekten wie der späte. Verblühte Zweige schneide ich heraus, damit er sich nicht so stark versät.

☼ ↕ 2,5–3 m ↔ 3–4 m ✿ 6–7 💧 ♥

Berberis thunbergii ‚Rose Glow'

7 Berberitze

Dieser kleine Stauch passt mit seinen rot-weißen Blättern ausgezeichnet zu der Silberbirne oder anderen graulaubigen Gewächsen. Im Herbst verfärben sich die Blätter rot-orange.

☼ ↕ 1,5 m ↔ 1 m ✿ 5–6 💧

Philadelphus coronarius ‚Aureus'

8 Bauernjasmin

Die Blätter dieses Strauches sind das ganze Jahr über attraktiv: Sie treiben hellgelb aus, werden dann hellgrün und verfärben sich im Herbst gelb. Insekten lieben die weißen, duftenden Blüten.

☼ ↕ 2,5 m ↔ 1,5 m ✿ 6

Sambucus nigra ‚Black Lace'

9 Holunder

Dieser attraktive Strauch steht in einem Nachbargarten und harmoniert wunderbar mit einer Kolkwitzie. Er ist für jeden Standort geeignet und ist bei Insekten und Vögeln sehr beliebt.

☼☼ ↕ 2–3 m ↔ 2–3,5 m ✿ 5–6

1

2

3

4

5

6

7

8

9

UnKraut

Einige Menschen nennen sie „Wildkräuter", für mich bleibt es Unkraut: Ich meine alle Pflanzen, die dort wachsen, wo sie nicht hingehören – und sich so sehr ausbreiten, dass die eigentlichen Pflanzen verdrängt werden. Manche lasse ich absichtlich stehen, weil Insekten sie lieben und brauchen, und verhindere nur eine übermäßige Weiterverbreitung. Andere rupfe ich halbherzig aus. Wenn sie wiederkommen, ist das nicht so schlimm. Besonders fiese Unkräuter aber versuche ich mitsamt der Wurzel auszureißen, was oft gar nicht so einfach ist. Und weil ich nicht möchte, dass sich gleich wieder andere Unkräuter niederlasssen, sorge ich dafür, dass der Boden möglichst bedeckt ist. Es gibt kaum ein Fleckchen Boden in meinem Garten, wo nichts wächst.

Meine Gartenbank entspannt mich schon, wenn ich sie nur ansehe. Um sie herum dürfen Wildkräuter wachsen. Sie sind lebenswichtig für Insekten. Und ich habe mehr Zeit zum Genießen.

Wenn ich im Garten vor mich hinwerkle, kommen mir ab und zu unerledigte Themen in den Sinn. Manches davon ist wie Unkraut, das mein Herz überwuchert. Dinge, die mich immer noch wütend oder traurig machen, oder Situationen, in denen ich mich falsch verhalten habe. So wird der Garten zu einem Ort, an dem Gott bei mir Unkraut rupfen kann. Das geht nicht von jetzt auf gleich, manche Themen muss ich länger mit ihm durchkauen. Und wenn das Thema dann erledigt ist, pflanzt Gott auch bei mir oft etwas Neues: Freude und Dankbarkeit. Dann kann mein Herz nicht erneut von Unkraut überwuchert werden. Und ich bin froh, wieder unbeschwert durchs Leben gehen zu können.

Vor allem aber behüte dein Herz,
denn dein Herz beeinflusst dein ganzes Leben.

Sprüche 4,23

Distel

Die Distel wird wegen ihres Nektars von vielen Schmetterlingen angeflogen. Vor allem Nachtfalter schätzen sie als Raupenfutterpflanze.

Brennnessel

Viele Schmetterlinge sind auf Brennnesseln angewiesen, weil sie nur bei ihnen ihre Eier ablegen können.

Gräser

Viele unterschiedliche Insekten brauchen Gräser als Nahrungsquelle, zur Eiablage und zum Überwintern.

Löwenzahn

Mehr Superfood als Unkraut: Mit seinen vielen Vitaminen und den Bitterstoffen wirkt sich der Löwenzahn positiv auf unseren Körper aus.

Klee

Bienen und andere Insekten freuen sich von Mai bis Oktober an den nektarreichen kugeligen Blüten.

Wegerich

Eine Heilpflanze mit vielen wertvollen Inhaltsstoffen, die bei Erkältungen hilft. Vielen Faltern dient sie als Raupenfutterpflanze.

Wildblumen

Kornblume

Die schönen blauen Blüten werden wegen ihres Nektars von vielen Insekten geschätzt.

Giersch

Eine gute Nektar- und Raupenfutterpflanze für viele Schmetterlinge. Die zarten, hellgrünen Blätter sind gesund und schmecken lecker in Suppen oder Salaten.

Winde

Überlebenswichtig für die Spiralhornbiene, die sich auf diese Pflanze spezialisiert hat.

Hirtentäschel

Wegen seiner extrem langen Blütezeit ist das Wildkraut eine wertvolle Futterquelle für Wildbienen und Schwebfliegen.

Gundermann

Das aromatische Küchen- und Heilkraut hat hübsche blaue Blüten, die von Bienen und Schmetterlingen geschätzt werden.

Hahnenfuß

Wer hätte gedacht, dass Honigbienen, vier Schmetterlingsarten und 13 Wildbienenarten diese Blüten lieben?

WegBegleiter

Freunde waren mir schon immer sehr wichtig, und ich bin dankbar für die vielen unterschiedlichen Freundschaften in meinem Leben. Mit einer Freundin bete ich fast täglich, das ist wunderbar. Eine andere besuche ich, wenn ich mal eine Oase zum Auftanken brauche und mich mit ihr über unsere Kinder freuen möchte. Wieder andere sehe ich höchstens einmal im Jahr, aber dann können wir gleich da anknüpfen, wo wir aufgehört haben. Wenn Freundschaften versanden, nimmt mich das ziemlich mit und macht mich sehr traurig. Manche Freundschaften legen aber auch nur eine Pause ein und blühen später wieder auf. Ich bin froh, dass ich Jesus als Freund habe, der unerschütterlich an meiner Seite ist. Auf ihn kann ich mich immer verlassen. Er nimmt es mir nicht übel, wenn ich unsere Freundschaft mal vernachlässige, sondern wartet ungeduldig-geduldig auf mich, lauert mir mit seiner Liebe auf und überrascht mich immer wieder neu.

Auch im Garten gibt es Freundschaften, einige Pflanzen vertragen sich gut, andere sind sich gar nicht grün. Manche Pflanzen setzt man besser auf Abstand, sonst gibt es Streit – besonders, wenn sie sich zu ähnlich sind. Gute Pflanzenfreunde dagegen helfen sich gegenseitig, nehmen aufeinander Rücksicht und können einander die Schädlinge vom Leibe halten. Wenn man Blumen ins Gemüsebeet pflanzt, sieht das nicht nur schön aus, sondern lockt auch Insekten an. So haben die geflügelten Freunde etwas zu futtern und es gibt mehr Früchte zum Ernten. Da ich keinen Nutzgarten habe, drehe ich den Spieß um und pflanze mein Gemüse zwischen die Blumen. Hauptsache, sie kommen gut miteinander aus und fördern einander.

Lavendel ist der klassische Rosenbegleiter und hält durch seinen Geruch Schädlinge fern. Aber auch Purpurglöckchen, Katzenminze und Frauenmantel umschmeicheln die kahlen Triebe der Rosen sehr schön.

Auf einen Freund kann man sich immer verlassen, und ein Bruder ist dazu da, dass man einen Helfer in der Not hat.

Sprüche 17,17

Rosenbegleiter

Auch eine Blumenkönigin braucht einen Hofstaat, deshalb unterpflanze ich meine Rosen mit Stauden, die ihre Schönheit hervorheben. Dafür suche ich Pflanzen aus, die die gleichen Ansprüche an den Boden stellen und den Wurzeln der Rosen keine Konkurrenz machen. Ca. 50 cm Abstand sollten sie trotzdem haben. Manche Kletterrosen kombiniere ich mit spätblühender Clematis, die die kahlen Stiele der Rosen verdecken.

Die Blätter des Frauenmantels sehen besonders attraktiv aus, wenn sich Regentropfen oder Tau darauf sammeln.

Nepeta faassenii ‚Six Hills Giant'

Hohe Katzenminze

Eine wunderhübsche Sorte, die später und länger blüht als die kleinere ‚Walkers Low' und mich immer wieder mit ihren violetten Blüten bezaubert. Leider vergesse ich jedes Jahr, sie rechtzeitig zu stützen, damit sie bei starkem Regen nicht auseinanderfällt. Sie nachträglich zusammenzubinden, ist schwierig, das sieht oft unnatürlich aus. Bei mir wächst diese Staude beim Rosengang und harmoniert farblich sehr schön mit den rosa und roten Rosen, violetter Clematis und den weißen Blüten der Kletterhortensie.

☼ ↕ 80–90 cm ↔ 60–90 cm ❀ 5–7 und 9 ◊ ♥

Gute Begleiter für Rosen

- Storchschnabel
- Jungfer im Grünen
- Rittersporn
- Schleierkraut
- Schafgarbe
- Fingerhut
- Bartfaden
- Zierlauch
- Veilchen
- Bartnelke
- Salbei
- Buchsbaum

Heuchera ‚Lime Rickey'

Purpurglöckchen

Diese wertvolle kleine Staude bringt das ganze Jahr über frischgrüne Farbe ins Beet und hellt auch schattige Ecken auf. Am schönsten wirkt sie vor Pflanzen mit dunklem Laub, da kommen auch die unzähligen weißen Rispenblüten besonders gut zur Geltung. Ich habe rotlaubige Purpurglöckchen im Garten, die sehr gut zu rosa Rosen und silbrigen und dunkellaubigen Pflanzen passen. Oft pflanze ich sie in Gruppen, wodurch etwas mehr Ruhe ins Beet kommt.

☼ ☀ ↕ 40–50 cm ↔ 40–50 cm ❀ 5–6 ♥

Nepeta faassenii ‚Walkers Low'

Katzenminze

Die niedrige Katzenminze ist eine sehr dankbare Füll-Pflanze, die schon im späten Frühjahr blüht. Sie wächst bei mir fast überall im Garten und passt sowohl zu rosa als auch gelben Rosen. Damit sie sich nicht gar zu sehr versät, schneide ich die verblühten Triebe ab. Sie treibt dann gleich wieder aus und blüht noch einmal. Sehr schön wirkt sie auf Mauerkronen, von denen sie dekorativ herunterhängen kann. Ich verwende die Blüten gerne in Sträußen, denn sie geben anderen Blüten einen optischen Rahmen und halten sehr lange.

☼ ↕ 60–70 cm ↔ 40–60 cm ❀ 4–6 und 8–9 💧

Alchemilla

Frauenmantel

Eine genügsame Staude mit gelbgrünen Büschelblüten, die bei den Bienen sehr beliebt sind. Das bläulich-grüne Laub ist besonders dekorativ, wenn sich nach dem Regen die Tropfen darauf sammeln. Nach der Blüte schneide ich die Rispen ab, damit sich die Pflanze nicht so stark versät. Ich habe auch eine ganz kleine Frauenmantel-Sorte, den Alpen-Silbermantel. Er hat gefiederte Blätter, breitet sich nicht so stark aus und passt gut auf Mauerkronen und an den Rand des Staudenbeetes.

☼ ☀ ↕ 30–50 cm ↔ 40–50 cm ❀ 6–7, 8–9 ♥

Auch Gräser dienen den Rosen als Begleiter. Besonders schön umschmeichelt sie das Federgras.

Für Insekten sind die offenen Blüten der Rambler- und der Wildrosen besonders attraktiv. Diese Rosen blühen in der Regel nur einmal, setzen aber im Herbst Hagebutten an.

LiebeVoll

Früher hatte ich vor dem Beschneiden der Pflanzen gehörigen Respekt. Meine Mutter war da schon immer hemmungsloser, sie kürzte die Pflanzen oft radikal ein. Mein Vater dagegen jammerte wegen jedes kleinen abgeschnittenen Zweiges: „Der arme Busch!" Aber natürlich möchte ich, dass meine Pflanzen gesund bleiben, reichlich Früchte tragen oder toll blühen. Also habe ich viel zum Thema Beschnitt gelesen, mich von den Zeichnungen in den Büchern verwirren lassen, ausprobiert und einiges falsch gemacht. Zum Glück habe ich zwei ältere Gärtner kennengelernt, die mir ganz praktisch gezeigt haben, worauf ich achten muss. Ich habe gemerkt, wenn man einige Grundprinzipien verstanden hat, ist auch das mit dem Rosenschnitt gar nicht so schwierig.

Dabei habe ich ein ganz neues Verständnis dafür entwickelt, dass Gott als Weingärtner auch uns beschneiden möchte. Diese Seite an ihm hat mich früher eher abgeschreckt. Jetzt habe ich vielmehr vor Augen, was für ein Gewinn so ein Schnitt für die Pflanze ist. Die unbeschnittene Rose wuchert vor sich hin, ihre Triebe wachsen kreuz und quer ineinander, sie bekommt nicht genug Licht und Luft und trägt immer weniger Blüten. Wenn die Pflanze nicht gut genug Luft und Licht bekommt, kann es sogar sein, dass sie von Pilzen befallen wird, krank wird oder eingeht. Da möchte ich mich doch lieber von einem liebevollen Gärtner behutsam beschneiden lassen, um gesund und munter für ihn zu blühen.

Ich bin der wahre Weinstock und mein Vater ist der Weingärtner. Er schneidet jede Rebe ab, die keine Frucht bringt, und beschneidet auch die Reben, die bereits Früchte tragen, damit sie noch mehr Frucht bringen.

Johannes 15,1–2

1

2

3

4

5

6

7

8

9

Strandrosen

Rosen mit ADR-Prädikat haben einen dreijährigen anspruchsvollen Test bestanden. Sie sind besonders blühfreudig und robust.

Es fällt mir schwer, an Rosen vorbeizugehen, ohne an ihren Blüten zu schnuppern. Bei der Auswahl meiner Rosen war deshalb neben Farbe, Größe, Wuchsform und Gesundheit auch der Duft ein wichtiges Kriterium.

Rosa glauca

1 Hechtrose

Diese Wildrose blüht zwar nur einmal, hat aber attraktives rotgrünes Laub, das sich auch in Sträußen gut macht. Sie wächst vasenförmig und setzt nach der Blüte dekorative rote Hagebutten an.

☼☼ ↕ 2,5 m ↔ 2,5 m ❀ einmalblühend

Englische Rose

2 Pat Austin

Eine sehr reich blühende Strauchrose mit überhängenden Trieben und sattgrünen Blättern. Ihre großen, schalenförmigen Blüten haben eine spektakuläre Kupferfarbe und duften herrlich.

☼☼ ↕ 0,8 m ↔ 1,3 m ❀ öfterblühend ♥

Beetrose

3 Red Yesterday

Diese überhängende Rose lockt mit ihren zahlreichen offenen Blüten viele Insekten an. In Kombination mit rosa Storchschnabel und Lavendel ist sie ein Traum!

☼☼ ↕ 1,2 m ↔ 1,2 m ❀ remontierend ♥

Strauchrose

4 Schneewittchen

Diese elegante Strauchrose ist weltbekannt. Sie blüht bis spät in den Herbst hinein, besitzt kaum Stacheln, hat glänzende grüne Blätter und verströmt einen ganz zarten Duft.

☼☼ ↕ 0,8 m ↔ 1,3 m ❀ dauerblühend

Englische Rose

5 Munstead Wood

Die nostalgisch anmutenden Blüten haben eine samtige karmesinrote Farbe und einen atemberaubenden Duft. Ich habe sie in einer Dreiergruppe gepflanzt, damit sie richtig üppig wirkt.

☼☼ ↕ 0,7 m ↔ 0,8 m ❀ öfterblühend ♥

Englische Rose

6 Charles Austin

Eine aufrecht wachsende, kräftige Rose mit apricot bis cremefarbenen Blüten, die leicht rosa angehaucht sind. Sie duftet angenehm fruchtig und eignet sich gut für Sträuße.

☼☼ ↕ 1,3 m ↔ 1,8 m ❀ remontierend

Moschus-Rose

7 Buff Beauty

Eine herrliche wildromantische Rose, die mich den ganzen Sommer über mit ihren apricot-gelben bis champagnerfarbigen Blüten erfreut. Und sie hat einen unwiderstehlichen Duft!

☼☼ ↕ 1,5 m ↔ 1,7m ❀ öfterblühend

Strauchrose

8 Mozart

Diese malerisch wachsende Rose ist ein echter Hingucker. Immer wieder bringt sie neue Büschel mit vielen kleinen Blüten hervor – und dazu ist sie noch absolut pflegeleicht!

☼☼ ↕ 1,5 m ↔ 1,5 m ❀ dauerblühend ♥

Englische Rose

9 Windflower

Eine ganz besonders anmutige Rose, die ihre schalenförmigen Blüten auf zarten Stielen trägt. Wunderschön in Kombination mit luftigen Gräsern wie ‚Stipa pennata'.

☼☼ ↕ 0,7 m ↔ 0,9 m ❀ öfterblühend ♥

Man sagt „der Frost braucht etwas zum Knabbern". Deswegen sollte man Rosen erst schneiden, wenn die Forsythien blühen.

Rosenschnitt

Lange Zeit hatte ich großen Respekt vor dem Rosenschnitt. Jede Art möchte anders behandelt werden. Wer steigt da schon durch? Dabei ist es eigentlich gar nicht so kompliziert. Und wenn man mal zu viel abschneidet, blüht die Rose eben etwas später. Die Königin der Blumen ist zum Glück weder nachtragend noch empfindlich …

Trotzdem freuen sich die Rosen, wenn sie zurückgeschnitten werden, weil sie Licht und Luft lieben. Außerdem fördert der Rückschnitt ihr Wachstum und trägt wesentlich dazu bei, dass die Rosen im Sommer schön blühen.

Für alle Rosenarten gilt:

1. Tote, beschädigte und kranke Triebe abschneiden
2. Bei sich kreuzenden Trieben den stärkeren Trieb stehen lassen
3. Altes Laub entfernen, um Krankheiten vorzubeugen

Grundsätzliches

Ca. **0,5 cm über dem Blattansatz oder dem „schlafenden Auge"** schneiden.

„Auge" sollte möglichst nach außen gerichtet sein. Schräg schneiden, damit das Regenwasser besser abfließen kann und sich keine Fäulnis bildet.

Eine **scharfe Schere** verwenden, die gut in der Hand liegt. Ein sauberer Schnitt verhindert das Eindringen von Keimen.

Für dicke Zweige eine **Astschere** verwenden.

Je größer die Rose, desto weniger schneidet man zurück.

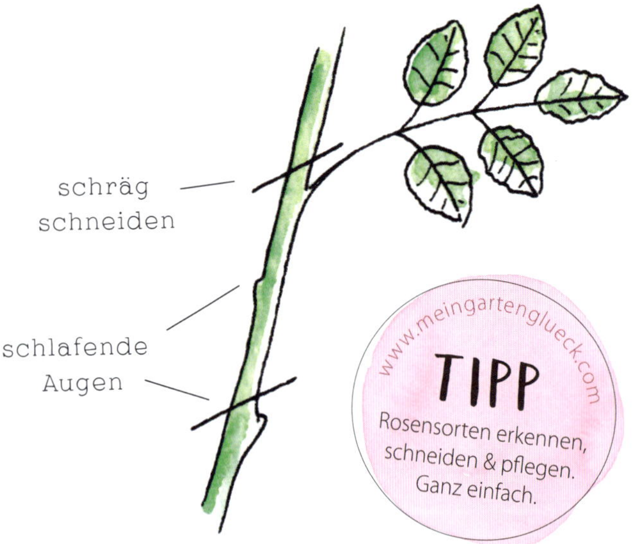

www.meingartenglueck.com

TIPP

Rosensorten erkennen, schneiden & pflegen. Ganz einfach.

Je stärker der Rückschnitt, desto stärker der Austrieb!

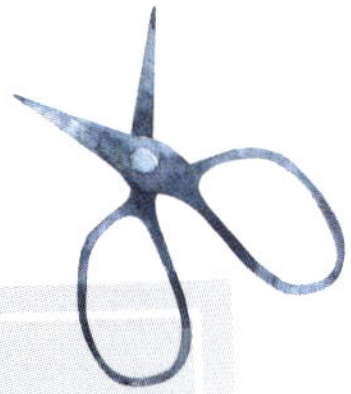

nach der Blüte

Öfterblühende Rosen treiben neue Knospen, wenn die verwelkten Blüten direkt nach dem Verblühen abgeschnitten werden.

Wenn du es mal nicht schaffst, ist das nicht schlimm.
Oft gibt es dann im Herbst Hagebutten.

Super pflegeleicht

Wildrosen und Rambler benötigen keinen Rückschnitt, sie müssen höchstens ausgelichtet werden.

Manche Rosen sind „selbstreinigend", sie werfen ihre verwelkte Blüten alleine ab. Dazu gehören die rosa „Larissa", die weiße „Martin Luther Rose", die orangefarbene „Bienenweide Fruity" und die gelbe „Sonnenschirm".

Wilde Triebe entwickeln sich unterhalb der Veredelungsstelle und müssen entfernt werden. Nicht abschneiden, sondern abreißen, sonst wächst der Trieb nach!

Im Frühjahr
und nach der Blüte
schneide ich den
Staudensalbei stark
zurück. Manchmal blüht
er dadurch ein
zweites Mal.

HeilLand

Meine liebsten Heilpflanzen sind Salbei und Thymian. Beide sind anspruchslos, brauchen außer einem gelegentlichen Rückschnitt keine Pflege und lieben einen sonnigen Standort. Der Salbei „Nazareth" mit den silbrigweißen Blättern ist besonders mild, deswegen verwende ich ihn gerne für Tee gegen Halsschmerzen. Thymian kommt bei mir gegen Husten oder Heiserkeit zum Einsatz. Schon alleine die frischgrüne Farbe eines Zweiges in der Tasse tut mir gut. Aber auch andere Heilpflanzen haben ein Fleckchen in meinem Garten gefunden: Beinwell, Frauenmantel, Wermut, Johanniskraut, Breitwegerich – sogar die Brennnesseln lasse ich eine Weile stehen. Der Tee wirkt belebend, außerdem nutzen viele Schmetterlinge die stacheligen Blätter für ihre Eiablage.

Dass Gott uns so viele Heilpflanzen geschenkt hat, zeigt mir einmal mehr, wie sehr ihm unser Heil-Sein am Herzen liegt. Ihm ist die Gesundheit sowohl unseres Körpers als auch unserer Seele wichtig, und es gibt genügend Bespiele in der Bibel, in denen Jesus die Menschen geheilt hat. Deswegen bete ich auch für Kranke, selbst wenn leider nicht alle gesund werden und diese Spannung manchmal schwer zu ertragen ist. Aber ich weiß, dass ich damit Gottes Willen tue, und möchte ganz einfach das machen, was er seinen Jüngern aufgetragen hat. Außerdem habe ich schon zu viele kleine Heilungen und auch große Wunder erlebt, dafür lohnt es sich, die Spannung auszuhalten. Also bitte ich Gott um mehr Glauben, damit ich weiter unbeirrt für die Kranken beten kann.

Mein Lieber, ich wünsche, dass es dir in allen
Stücken gut gehe und du gesund seist,
so wie es deiner Seele gut geht.

3. Johannes 2

1

2

3

4

Salbei

Diese vielseitige Gewürz- und Heilpflanze ist nicht nur dekorativ, sie lockt auch Insekten an. Da der Salbei volle Sonne liebt, habe ich einige Sorten ins Toskana-Beet gepflanzt. Eine vorwitzige Pflanze hat sich sogar in den Rasen geschmuggelt. An diesem Sonderplatz kommt sie so gut zur Geltung, dass ich es nicht übers Herz bringe, sie dort wegzunehmen. Ich habe auch schon den einjährigen Mehlsalbei gezogen, der den ganzen Sommer leuchtend blau geblüht hat.

Salvia officinalis ‚Icterina'

1 Gelbgrüner Salbei

Eine sehr schöne Sorte, die mit ihren hellgrünen Blättern gut zu violetten und dunkelroten Blüten passt. Im Frühjahr schneide ich sie stark zurück, damit sie nicht verholzt. Auch wenn er offiziell nicht völlig winterhart sein soll, bei mir ist er bisher immer gut ohne Schutz durch den Winter gekommen.

☼ ↕ 30–40 cm ↔ 40–60 cm ❀ 6–8 💧 ♥

Salvia officinalis ‚Nazareth'

2 Marzipan-Salbei

Wegen seines ungewöhnlichen Duftes wird dieser Salbei aus Israel auch Marzipan-Salbei genannt. Er hat silbrig-weiße Blätter und blauviolette Blüten, die sehr früh und überreich erscheinen. Er lässt sich genau wie normaler Salbei verwenden, hat aber ein besonders harziges Aroma.

☼ ↕ 40–50 cm ↔ 30–40 cm ❀ 6–8 💧

Salvia argentea

3 Silberblatt-Salbei

Diese außergewöhnliche Pflanze habe ich aus Samen gezogen. Sie hat große silbrige Blätter, die mit dichten seidigen Härchen bedeckt und ganz weich sind. Dieser Salbei ist absolut winterhart, braucht aber eine gute Drainage. Bei mir steht er beim Stauden-Lein, der gut zu den wolligen Blättern passt.

☼ ☀ ↕ 60–80 cm ↔ 60–80 cm ❀ 6–7 💧

Salvia nemerosa ‚Merleau Rose'

4 Blüten-Salbei

Dieser sonnenliebende Salbei setzt mit seinen aufrechten Blütenkerzen interessante Akzente. Seine rosa Lippenblüten dienen Bienen und anderen Insekten als Nahrungsquelle. Er steht gerne zusammen mit anderen Salvien, passt aber auch gut zu Rosen.

☼ ↕ 35–40 cm ↔ 30–50 cm ❀ 6–8 💧

Salbeitee wirkt desinfizierend und hilft bei Heiserkeit, Halsschmerzen und Erkältungen.

Storchschnäbel sind gute Rosenbegleiter. Sie liegen der Königin der Blumen sozusagen zu Füßen und bringen ihre Blüten erst richtig zur Geltung.

VorAllem

Wenn ich durch den Garten streife, hier und da etwas Unkraut zupfe oder verblühte Rosen abschneide, summe ich unbewusst Lieder vor mich hin. Manchmal sind es Lobpreislieder, mal alte Schätze aus Jugendchorzeiten. Immer wieder kommt mir „Above All" von Paul Baloche und Lenny LeBlanc in den Sinn.
Im Refrain heißt es:

Like a rose trampled on the ground
You took the fall
And thought of me
Above all

Was mein Verstand nie richtig begreifen kann, bringt mir die Mischung aus Rosenduft, Lyrik und Musik nahe: Wie eine Rose, die zertreten auf dem Boden liegt, nahm Jesus auch meine Schuld auf sich – und dachte dabei vor allem an mich. Unfassbar. Ich rieche noch einmal an den Rosen und bin Jesus einfach nur dankbar.

Ein Weizenkorn muss in die Erde ausgesät werden. Wenn es dort nicht stirbt, wird es allein bleiben – ein einzelnes Samenkorn.
Sein Tod aber wird viele neue Samenkörner hervorbringen – eine reiche Ernte neuen Lebens.

Johannes 12,24

Geranium phaeum ‚Album'

Brauner Storchschnabel

Eine sehr zart wirkende Pflanze, die am besten in der vollen Sonne auf einem gut durchlässigen Boden gedeiht. Bei mir wächst dieser Storchschnabel auf der Trockenmauer. Unter der hellrosa Bodendeckerrose ‚The Fairy' scheint er sich sehr wohlzufühlen, er breitet sich allmählich aus. Die Staude mit den kleinen Blüten ist pflegeleicht, winterhart und verträgt Trockenheit. Auch die interessant gefärbten Blätter gefallen mir so gut, dass ich überlege, ob ich den Bodendecker noch an andere Stellen setze.

☼ ☀ ↕ 50–70 cm ↔ 30–40 cm ❀ 5–8 ◊

Geranium pratense ‚Johnsons Blue'

Blauer Storchschnabel

Die Blüten dieser Staude leuchten intensiv violettblau und bilden einen schönen Kontrast zu den grünen Blättern. Bienen und Hummeln besuchen die bis zu 10 cm großen schalenförmigen Blüten gerne, das macht diesen Bodendecker für mich besonders wertvoll. Nach einigen Jahren war er plötzlich verschwunden, aber da er so ein zauberhafter Blickfang war, habe ich ihn gerne ersetzt. Er breitet sich nur mäßig aus, ist winterhart und braucht kaum Pflege. Auch die Sorte ‚Rozanne' bringt den ganzen Sommer über strahlend blauviolette Blüten hervor. Sie eignet sich gut zur Kübelpflanzung.

☼ ☀ ↕ 30–60 cm ↔ 40–50 cm ❀ 6–8 ◊

Geranium sanguineum

Blutroter Storchschnabel

Dieser robuste Bodendecker blüht zuverlässig den ganzen Sommer über. Seine zahlreichen einfachen Blüten bieten Bienen, Hummeln und Schmetterlingen ein reichhaltiges Buffet. Aber auch seine tief eingeschnittenen Blätter sind attraktiv. Ich verwende sie gerne, um Sträußen mehr Fülle zu verleihen. Im Herbst verfärben sich die Blätter rötlich, was der Pflanze einen besonderen Charme verleiht. Er ist winterhart und breitet sich gerne aus, lässt sich aber auch gut eindämmen.

☼ ☀ ↕ 25–40 cm ↔ 20–40 cm ❀ 6–8 ◊

Der wunderschöne Storchschnabel-Bläuling bleibt seiner Futterpflanze treu. Die Raupen fressen die Blätter und die Falter ernähren sich vom Nektar des Storchschnabels.

Storchschnabel

In meinem Garten wachsen ganz verschiedene Arten des Storchschnabels. Viele haben nicht nur schöne Blüten, sondern auch hübsche Blätter. Manche verfärben sich im Herbst gelb oder rot, andere sind wintergrün. Alle Storchschnabelsorten sind pflegeleicht, werden von Schnecken gemieden und blühen lange. Die meisten Sorten wachsen bei mir unter den Rosen, sie harmonieren gut miteinander. Besonders malerisch wirkt es, wenn sich unterschiedliche Sorten ineinander weben. Die Pflanzen lassen sich gut durch Teilung vermehren, so habe ich schon einige verschenken können. Wenn die Stauden nach der Blüte zurückgeschnitten werden, blühen sie oft ein zweites Mal.

Rückschnitt

Praxis-Tipp

Storchschnabel ist unkompliziert und blüht lange. Nach einem heißen Sommer schneide ich die vertrockneten Blätter radikal zurück, sie treiben zuverlässig wieder aus und blühen oft sogar ein zweites Mal.

DuftWolke

Das Beet vor unserem Haus liegt in der vollen Sonne und hat durch seine etwas erhöhte Lage einen guten Wasserabfluss. Mediterrane Pflanzen wie Salbei, Lavendel, Oregano und Thymian fühlen sich dort richtig wohl. Viele dieser Pflanzen produzieren ätherische Öle, um mit ihrem Duft Insekten anzulocken oder Schädlinge abzuwehren. Besonders Lavendel pflanze ich deswegen gerne unter Rosensträucher und in die Nähe der Terrasse. Schon wenn ich die Blüten nur leicht beim Vorbeigehen mit der Hand streife, wird ihnen der typisch süßlich-herbe Duft entlockt. Manche mögen den Duft gar nicht, weil sie ihn mit alten Jungfern verbinden. Für mich ist Lavendelduft jedoch der Inbegriff des Sommers. Sofort habe ich das Bild einer blühenden Wiese mit summenden Bienen vor Augen, das ist Entspannung pur. Es scheint nicht nur mir so zu gehen, schon die alten Römer sollen Lavendel für Entspannungsbäder genutzt haben.

Wenn wir von Jesus erzählen, ist es, als ob wir einen wohlriechenden Duft verbreiten. Das Schöne daran ist, dass das automatisch geschieht, wie beim Lavendel. Er ist einfach, was er ist: ein Lavendel. Und bei mir genügt es auch, dass ich bin, was ich bin: Gottes geliebtes Kind. Das macht mich aus, deshalb muss ich mich weder anstrengen noch mir zu viele Gedanken machen. Sogar, wenn ich mich gar nicht danach fühle, strömt Gottes Duft einfach aus mir heraus.

Echter Lavendel (Lavendula angustifolia) duftet am stärksten. Er wird geerntet, wenn sich die ersten Blütchen öffnen, am besten am späten Vormittag. Zusammenbinden und über Kopf trocknen.

Wo immer wir jetzt auch hinkommen,
setzt er uns ein, um anderen vom Herrn
zu erzählen und die gute Botschaft
zu verbreiten wie einen wohlriechenden Duft.

2. Korinther 2,14

Lavendel

Ohne den Duft von Lavendel würde mir im Sommer etwas fehlen. In meinem Garten wachsen sehr unterschiedliche Sorten, alle sind gute Bienenweiden. Direkt nach der Blüte schneide ich ihn leicht zurück, im Frühjahr dann noch mal radikal. Dabei achte ich darauf, dass grüne Triebe zu erkennen sind, damit der Lavendel wieder austreiben kann. Wenn ich im Frühjahr die vielen abgestorbenen Zweige entferne, kriege ich oft einen Schreck. Die kahlen Stellen wachsen aber schnell zu, sodass der Busch wieder schön kugelig ist.

Lavendel-Plätzchen

dekorativ

1 EL	Lavendelblüten
180 g	Butter
75 g	Zucker
300 g	Mehl
½ TL	Backpulver
50 g	Zucker zum Wälzen
1 EL	Lavendelblüten

Die Lavendelblüten leicht zerdrücken und in lauwarmer, zerlassener Butter ziehen lassen. Die Butter mit dem Zucker aufschlagen, das Mehl mit dem Backpulver mischen und auf die Buttermasse sieben und zu einem glatten Teig verarbeiten. Aus dem Teig zwei ca. 3 cm dicke Rollen formen. In Zucker wälzen und für 1 Stunde in den Kühlschrank stellen. 0,5 cm dünne Teigscheiben abschneiden, die auf ein mit Backpapier belegtes Backblech setzen und im vorgeheizten Ofen ca. 15 Minuten backen und mit Lavendelblüten bestreuen.

Lavandula stoechas

1 Schopflavendel

Leider ist dieser Lavendel nicht ganz frosthart. Dafür wächst er kompakt und hat dekorative violette Blüten, die wie Flügel geformt sind. Ich pflanze ihn meistens in einen Terrakottatopf, dann kann ich ihn beliebig hin- und herstellen, um ihn in Szene zu setzen oder leere Stellen im Beet zu füllen.

☼ ↕ 20–45 cm ↔ 35–45 cm ❀ 6–8 ◊

Lavandula angustifolia ‚Hidcote Blue'

2 Hidcote Blue

Eine wunderschöne Sorte mit dunklen blauvioletten Blüten, die ständig von Insekten umschwirrt werden. Dieser Lavendel wächst buschig und eignet sich gut als Beeteinfassung. Er hat einen angenehmen Duft und hübsche blaugrüne Blätter. Wenn ich Lavendel trocknen möchte, wähle ich meistens diese Sorte.

☼ ↕ 30–40 cm ↔ 40–50 cm ❀ 7–9 ◊ ♥

Lavandula angustifolia x lanata ‚Silver Frost'

3 Silver Frost

Die Blätter dieses Lavendels haben eine puderig silbrig-weiße Farbe. Dadurch ist er auch im Winter schön anzusehen. Seine Blüten sind tiefrotviolett, mit hellvioletten Kelchen. Die Pflanze hat einen besonders fruchtig-süßen Duft, ist äußerst hitzebeständig und winterhart. Ich habe diesen kleinen Lavendel an den Beetrand gepflanzt, damit er gut zur Geltung kommt.

☼ ↕ 40 cm ↔ 35 cm ❀ 7–9 ◊

WurzelWerk

In meinem Garten wachsen die unterschiedlichsten Rosen. Lange habe ich über Rosenkatalogen gebrütet und sie mir während der Blütezeit im Juni angesehen, bevor ich mich endgültig für eine Sorte entschieden habe. Die meisten Rosen habe ich im Herbst gesetzt, weil sie in der sogenannten Vegetationsruhe besser anwachsen, außerdem sind wurzelnackte Pflanzen (ohne Topf) günstiger. Was ihren Standort angeht, ist die Königin der Blumen wählerisch, sie mag nicht an Stellen gepflanzt werden, an denen vorher bereits eine andere Rose stand. Außerdem hätte sie gerne einen hellen, luftigen Standort mit tiefgründigem lehmigem Boden, denn sie gehört zu den Tiefwurzlern. Ihre Wurzeln können mehrere Meter lang werden und helfen ihr, Wasser und Nährstoffe aus tieferen Erdschichten zu erschließen. Im Sommer wässere ich die Pflanzen selten aber gründlich, statt sie ständig zu gießen. Auf diese Weise strecken sie ihre Wurzeln noch tiefer in die Erde und sind irgendwann in der Lage, sich selbst zu versorgen.

Rosen sind Tiefwurzler und vertragen Hitze und Trockenheit gut. Wenn sie nur ab und zu und dafür ausgiebig gewässert werden, strecken sie ihre Wurzeln noch tiefer in den Boden.

Ich glaube, das kann man gut auf unser geistliches Leben übertragen. Am Anfang brauchen wir viel Ermutigung und Begleitung. Indem wir in der Bibel lesen, mit Gott reden und im Vertrauen auf ihn handeln, wächst unser Glaube. Irgendwann sind wir dann Selbstversorger, sind kaum noch von Menschen abhängig, nur noch von Gott selbst – und können uns mehr in andere investieren.

Senkt eure Wurzeln tief in seinen Boden
und schöpft aus ihm, dann werdet ihr
im Glauben wachsen und in der Wahrheit,
in der ihr unterwiesen wurdet,
standfest werden. Und dann wird euer
Leben überfließen von Dankbarkeit
für alles, was er getan hat.

Kolosser 2,7

Kletterrosen

Rambler blühen meist nur einmal, dafür aber überreich, und sie können sehr groß werden.

Beim Pflanzen der Kletterrosen habe ich darauf geachtet, dass sich zarte Farben mit kräftigen abwechseln, um interessante Kontraste zu erreichen.

Rambler

1 Paul's Himalayan Musk

Eine echte Dornröschen-Rose, die im Juni überaus üppig blüht. Die kleinen gefüllten Blüten duften herrlich. Leider musste ich diesen Rambler verschenken, weil er meinen Nachbarn zu groß wurde.

☼ ↕ 7–10 m ❀ einmalblühend

Englische Kletterrose

2 The Generous Gardener

Eine sehr romantische Rose mit großen gefüllten hellrosa Blüten, die einen intensiven Duft verströmen. Sie blüht ausdauernd, wächst kräftig und ist gesund und anspruchslos.

☼ ↕ 4,5 m ❀ öfterblühend

Rambler

3 Ghislaine de Féligonde

Diese Rose hat lange biegsame Triebe und blüht sogar öfter. Ihr Farbspiel ist einzigartig, es rangiert von orangegelb bis cremeweiß. Eine Augenweide mit zartem Duft!

☼ ☀ ↕ 1,5–2 m ❀ öfterblühend

Englische Rose als Kletterrose

4 Teasing Georgia

Mit ihren schalenförmigen Blüten ist diese Rose eine echte Schönheit. Die äußeren Blütenblätter biegen sich nach außen und verblassen zu einem hellen Gelb, wodurch die Rose zweifarbig wirkt.

☼ ↕ 3,75 m ❀ öfterblühend ♥

Kletterrose

5 Sympathie

Die Blüten dieser Kletterrose leuchten von Weitem und bilden einen schönen Kontrast zu ihrem dunkelgrünen Laub. Eine sehr gesunde Rose mit einem feinen Wildrosenduft.

☼ ↕ 3–5 m ❀ öfterblühend

Englische Kletterrose

6 Mortimer Sackler

Eine äußerst gesunde Rose mit fast stachellosen Trieben, die sogar Schatten verträgt. Die rosa Blüten sind mittelgroß, haben eine ungewöhnliche Sternform und duften fruchtig.

☼ ↕ 3,6 m ❀ öfterblühend ♥

Englische Rose als Kletterrose

7 Gertrude Jekyll

Die leuchtendrosa Blüten dieser Rose haben eine wunderhübsche Form und einen betörenden Duft. Sie hat dünne Stiele, die aber äußerst robust sind, und blüht den ganzen Sommer über.

☼ ↕ 1,8–2,5 m ❀ öfterblühend ♥

Rambler

8 Lykkefund

Eine der wenigen fast stachellosen Rosen. Die Bienen lieben die rahmweißen duftenden Blütenmassen. Im Herbst erscheinen unzählige kleine orangefarbige Hagebutten.

☼ ↕ 5–7 m ❀ einmalblühend

Kletterrose

9 Westerland

Eine ADR-Rose mit offenen orangefarbigen Blüten, deren Farbe unter den Kletterrosen einzigartig ist. Sie hat hübsches, gesundes Laub und starke Triebe, die sich aber gut leiten lassen.

☼ ↕ 1,8–2,4 m ❀ öfterblühend

1

2

3

4

5

6

7

8

9

EngVerbunden

Leider stelle ich mich beim Gießen mit dem Gartenschlauch nicht immer geschickt an. Manchmal ist schon Druck drauf, obwohl ich den Hahn noch gar nicht voll aufgedreht habe. Oder der Schlauch löst sich einfach so vom Hahn. Oder ich hatte nicht mehr auf dem Schirm, dass der Rasensprenger noch angestellt war … Das Resultat ist jedesmal dasselbe: Ich werde nass und alle um mich herum grinsen sich eins. Trotzdem bin ich dankbar, dass mein Mann mir zwei Gartenschläuche an einem doppelten Wasserhahn angebracht hat, damit ich nicht so viele schwere Gießkannen tragen muss. Mit dem einen Schlauch kann ich den Vorgarten bewässern, der andere ist für die Terrasse und den restlichen Garten da.

Ich mag das Gleichnis von Jesus mit dem Weinstock sehr, aber da ich in meinem Garten keinen Wein gepflanzt habe, nehme ich mir stattdessen den Gartenschlauch als Beispiel. Für mich habe ich es so übertragen: Aus einem Gartenschlauch kann kein Wasser kommen, wenn er vom Wasserhahn getrennt ist. Die ständige Verbindung mit Jesus ist für mich ein großes Thema und ich bin froh, dass in unserer Beziehung über die Jahre immer mehr Leichtigkeit entstanden ist. Wenn ich mal wieder auf dem Schlauch stehe (also mir selbst im Weg stehe) oder keine Power da ist, weil ich nicht richtig angeschlossen bin, ist das kein Drama. Jesus ist ja da, ich docke einfach erneut bei ihm an, und das Wasser kann wieder fließen.

Bleibt in mir, und ich werde in euch bleiben. Denn eine Rebe kann keine Frucht tragen, wenn sie vom Weinstock abgetrennt wird, und auch ihr könnt nicht, wenn ihr von mir getrennt seid, Frucht hervorbringen.

Johannes 15,4

Trichterwinden blühen immer nur für einen Tag und sind meistens schon mittags verblüht. Genau die richtige Blume für Frühaufsteher!

Kletterpflanzen

Bei der Gartenplanung waren mir die Kletterpflanzen besonders wichtig. Ich wollte unbedingt einen romantischen Rosengang haben und mit Bögen und anderen Rankhilfen die Höhe ausnutzen. Um einen üppigen Eindruck zu erzeugen, lasse ich gerne unterschiedliche Pflanzen ineinander wachsen. Clematis ist ein guter Partner für Kletterrosen, aber auch der Goldhopfen harmoniert gut, wenn ich ihn etwas eindämme. Unser neuer Staketenzaum bietet weitere Möglichkeiten, hier können nun Wicken und Winden hochranken.

Wisteria floribunda ‚macrobotrys'

Blauregen

Für eine so große Kletterpflanze fehlt mir leider der nötige Platz. Bei meinen Eltern rankt der Chinesische Blauregen dekorativ über die Pergola und eine ganze Fensterfront. Die japanische Art duftet herrlich und hat noch längere blauviolette Blütentrauben, die bis zu einem Meter lang werden können! Weil er bereits Anfang des Frühlings blüht, ist er anfälliger für Spätfröste und sollte einen geschützten Standort bekommen.

☼ ↕ 4–6 m ↔ 4–6 m ✿ 5–6

Manche Kletterpflanzen müssen angebunden werden, um eine gewisse Höhe zu erreichen. Selbstklimmer schaffen das ganz alleine.

Kletterpflanzen

- Efeu
- Wilder Wein
- Glockenrebe
- Kapuzinerkresse
- Winterjasmin
- Clematis
- Jungfernrebe
- Jasmin
- Kletterhortensie
- Wicke
- Passionsblume
- Staudenwicke
- Trompetenblume
- Geissblatt

Phaseolus coccineus

Feuerbohne

Dieses Jahr habe ich Feuerbohnen im Haus vorgezogen und sie Mitte Mai in unsere ehemalige Sandkiste gepflanzt. Diese Kletterer sind etwas windempfindlich, haben aber den ersten Sturm erstaunlich gut überstanden. Nun ranken sie an Bambusstäben empor und werden immer üppiger. Wir haben den ganzen Sommer hinweg immer wieder Bohnen geerntet. Allerdings werde ich ihnen nächstes Jahr ab und zu etwas Dünger geben und die Bohnen früher ernten, dann schmecken sie bestimmt noch besser.

☼ ↕ 2–4 m ❀ 6–9

Ipomoea tricolor

Trichterwinde

Diese schöne Rankpflanze bewundere ich oft in anderen Gärten, bei mir ist es ihr zu windig, glaube ich. Sie liebt einen sonnigen windgeschützten Standort und braucht etwas Zuwendung. Sie ab und zu zu düngen und die alten Blüten abzuschneiden, reicht ihr schon aus. Dann blüht sie unablässig vom Juni bis in den Herbst hinein. Eine wunderschöne Pflanze, die schnell unansehnliche Ecken in ein Blütenmeer verwandeln kann.

☼ ↕ 2–3 m ❀ 7–10

Humulus lupulus ‚Aureus'

Goldhopfen

Diesem pflegeleichten Kletterer kann man beim Wachsen fast zugucken! Schnell verdeckt er den hässlichen Plastikzaun zu unseren Nachbarn und bringt mit seinen großen gelbgrünen Blättern Farbe ins Beet. Ich lasse ihn sich an Schnüren emporwinden, damit seine starken Triebe die Nachbarpflanzen nicht überwuchern. Auch seine kleinen Hopfenblüten sind dekorativ. Ich verwende sie gerne als besonderen Hingucker in herbstlichen Sträußen.

☼ ☀ ↕ 2–4 m ↔ 2–4m ❀ 8–10 💧 ♥

Feuerbohnen müssen, wie alle Bohnen, vor dem Verzehr gekocht werden. Roh sind sie giftig!

Als Waldpflanze möchte die Clematis einen schattigen Fuß haben und dem Licht entgegenranken können.

EinFriedung

Als wir die ersten Rosen gepflanzt hatten, bekamen wir bald Besuch von Rehen, die von den Knospen ganz begeistert waren. Es sind ja hübsche Tiere, aber nachdem sie meine Rosen komplett abgefressen hatten, war ich stinksauer. Als kein Hausmittel half, spielte ich sogar mit dem Gedanken, mir ein Luftgewehr anzuschaffen. Und das als Vegetarierin! Stattdessen haben wir uns einen Elektrozaun angeschafft. Das sah zwar nicht so toll aus, erfüllte aber seinen Zweck: Die Rehe blieben fern und ich staunte, wie groß meine Rosen in Wirklichkeit werden können. Mittlerweile haben sich die Tiere verzogen, weshalb wir nun einen richtig schönen Staketenzaun haben. Er hält ungewünschte kleine Besucher fern, ist aber nicht Blickdicht, sodass man sich auch noch gut mit den Nachbarn unterhalten kann.

Grenzen helfen dabei, Frieden zu halten, im Garten und im Leben. Mich gegen andere Ansprüche abzugrenzen, fällt mir relativ leicht. Denn wie sollen meine Mitmenschen glauben, dass mein *Ja* ernst gemeint ist, wenn ich nicht auch mal *Nein* sage? Meine eigenen Grenzen wahrzunehmen und innerhalb meiner Möglichkeiten zu bleiben, finde ich wesentlich schwerer. Dazu kommt noch, dass ich vieles gerne mache und immer wieder neue Ideen habe, die ich am liebsten sofort umsetzen möchte. Manchmal überschätze ich mich dann selbst und lade mir zu viel auf. In solchen Situationen zeigt mir mein Körper irgendwann, dass etwas nicht stimmt. Seit einer Weile versuche ich, jeden Tag kurz in den Garten zu gehen. Es tut gut, frische Luft zu schnappen und Gott die Gelegenheit zu geben, mir zu zeigen, was seine Pläne sind. Dann komme ich mir vor wie ein eingefriedeter Garten, dessen Grenzen er als Gärtner setzt, damit die Pflanzen darin gut gedeihen.

Er schafft Frieden in deinen Grenzen,
er sättigt dich mit dem besten Weizen.

Psalm 147,14

1

2

3

Clematis integrifolia

1 Krautige Waldrebe

Meine schönste Clematis! Diese Waldrebe ist sehr gesund, absolut winterhart und wird an einem Stab ca. 1,50 m hoch und genauso breit. Den ganzen Sommer ist sie über und über mit glockenartigen Blüten bedeckt. Ihre orangebraunen Triebe bilden einen schönen Kontrast dazu und sind auch im Winter noch dekorativ. Da sie immer wieder bewundert wird, werde ich versuchen, sie durch Stecklinge zu vermehren.

☼ ↕ 150–200 cm ↔ 80–150 cm ❀ 5–6 ♥

Großblumige Clematis ‚Gipsy Queen'

2 Gipsy Queen

Großblumige Waldreben werden öfter mit Clematiswelke befallen, deswegen sind sie mir eigentlich zu empfindlich. Aber bei dieser tollen Farbe konnte ich nicht widerstehen. Ich hoffe, sie fühlt sich bei mir wohl.

☼ ↕ 250–350 cm ❀ 5–7

Clematis viticella ‚Royal Velours'

3 Royal Velours

Auch italienische Waldreben blühen lange und sind sehr gesund. Diese Sorte rankt sich um eine Säuleneibe, durch die Strauchrose ‚Dornröschenschloss Sababurg' und klettert inzwischen sogar mit der Brombeere um die Wette. Sie blüht in einem üppigen Dunkelpurpur, und ihre Rückseite sieht im Gegenlicht sehr attraktiv aus.

☼ ☼ ↕ 300–400 cm ❀ 6–10 ♥

Clematis

Diese zarten Kletterpflanzen kombiniere ich gerne mit Rosen, denn sie ergänzen sich wunderbar. Die italienische Waldrebe eignet sich besonders gut, um in größere Sträucher hineinzuwachsen.

Clematis alpina ‚Frankie'

Alpen-Waldrebe

Diese zierliche Kletterpflanze habe ich an unseren neuen Staketenzaun gesetzt. Durch die frühe Blütezeit ist die Alpen-Waldrebe ein wertvoller Pollen- und Nektarlieferant. Diese Clematis bildet kugelige Samenbüschel und soll eine reiche zweite Blüte hervorbringen.

☼ ☼ ☀ ↕ 250–400 cm ❀ 4–5

Pflanzen & Schneiden

Praxis-Tipp

Clematis schräg in den Boden setzen.
Zwei Augenpaare sollten möglichst unter der Erde sein.
Beim Pflanzen oder nach einem Jahr die Triebe bis auf 2 bis 3 kräftige Augenpaare zurückschneiden, damit die Pflanze üppig wächst.
Regelmäßig an einer Kletterhilfe befestigen.

Frühblühende: nach der Blüte schneiden (wenn überhaupt).
Daumenbreit über einem austreibenden Augenpaar abschneiden.

Spätblühende: vor der Blüte leicht zurückschneiden.
Zeitpunkt: wenn die Krokusse blühen.
Alle 3 bis 4 Jahre stärker zurückschneiden, um sie zu verjüngen.

Es macht Clematis aber auch nichts aus, wenn sie zum falschen Zeitpunkt geschnitten werden, sie blühen dann nur etwas später.

ErnteSegen

Wir ernten, was wir säen, das ist ein unumstößliches Gesetz. Aus Tomatensamen werden keine Möhren wachsen, das ist klar. Und wenn wir fünf Samen in die Erde stecken, werden höchstens fünf Pflanzen daraus wachsen. Das Prinzip von Saat und Ernte gilt nicht nur im Garten, sondern ebenso im richtigen Leben. Auch mit unseren Gedanken, Worten und Taten säen wir ständig und dementsprechend werden wir ernten.

Als ich vor vielen Jahren als geistliche Übung die Augen schließen und mir mein Leben als Baum vorstellen sollte, kam mir ein überreich tragender Orangenbaum in den Sinn. Das Bild fand ich toll, habe mich aber gefragt, wie es Wirklichkeit werden könnte. Natürlich schenkt Gott letztlich das Wachstum, aber was kann ich dazu beitragen? Seitdem versuche ich, dem Heiligen Geist in meinem Leben mehr Raum zu geben. Ich möchte mich von ihm leiten lassen, ihn am liebsten gleich morgens bewusst einladen und mich von ihm neu füllen lassen. Das scheitert leider oft daran, dass ich kein Morgenmensch bin. Ich bin so früh einfach noch nicht wach und stehe dann ziemlich neben mir. Ich sage Jesus kurz Hallo, dann übernimmt die Morgenroutine. Aber ich glaube, das ist für Gott auch gar nicht so wichtig. Ihm geht es um mein Herz, meine grundsätzliche Einstellung. Wenn ich offen bin für den Heiligen Geist und seine Leitung, kann er seine Samen in mich hineinsäen. Und sie werden dann auch irgendwann in meinem Leben Früchte bringen – wie dieser wunderschöne Orangenbaum.

Ich finde es wunderbar, dass diese gesunden Früchte auch noch so lecker sind.

Ein Bauer, der nur wenig Samen aussät, wird auch nur eine kleine Ernte einbringen. Wer aber viel sät, wird auch viel ernten.

2. Korinther 9,6

1

2

3

4

Fragaria vesca

1 Walderdbeeren

Die winzigen Beeren dieses Bodendeckers sind ganz besonders schmackhaft. Leider verbreitet er sich etwas zu sehr, deswegen versuche ich, ihn rauszureißen. Meist vergeblich, aber so habe ich immer etwas zu naschen.

☼ ☼ ↕ 10–20 cm ↔ beliebig ❀ 4–6

Rubus idaeus

2 Gold-Himbeere

Rote Himbeeren finde ich zwar schöner, dafür habe ich in den Gold-Himbeeren noch nie Maden entdeckt. Weil der Rasen irgendwann voller Ausläufer war, habe ich sie in große Kübel gesteckt.

☼ ↕ 20–30 cm ↔ 40–50 cm ❀ 5–6

Ribes nigrum ‚Titania'

3 Johannisbeeren

Da Johannisbeerschorle mein absolutes Lieblingsgetränk ist, habe ich dieses Jahr eine schwarze Johannisbeere gepflanzt. Für Beeren-Müsli habe ich die bewährte rote Sorte ‚Jonkheer van Teets' gleich danebengesetzt.

☼ ↕ 20–30 cm ↔ 40–50 cm ❀ 5–6

Rubus fruticosus ‚Loch Ness'

4 Brombeeren

Ich habe mich für stachellose Brombeeren entschieden, weil der Platz, an dem sie wachsen, schwer zugänglich ist. Ich bin mit dieser Sorte auch ganz zufrieden, allerdings reichen sie an den Geschmack wilder Brombeeren nicht heran, die sind einfach unübertroffen.

☼ ↕ 20–30 cm ↔ 40–50 cm ❀ 5–6

Beeren

Um einen richtigen Nutzgarten zu haben, fehlt mir leider die Zeit. Zum Glück brauchen diese Beeren wenig Pflege. Da sie meist sowieso direkt vom Strauch weggenascht werden, macht auch die Ernte kaum Arbeit. Wenn zu viele Brombeeren gleichzeitig reif werden, friere ich sie einfach ein. Später verarbeite ich sie zu leckeren Smoothies oder zu einem Beeren-Crumble.

Beeren-Crumble

gelingt leicht

150 g	kalte Butterflöckchen
120 g	großblättrige Haferflocken
700 g	rote Johannisbeeren
120 g	Mehl
80 g	Zucker
	Vanilleeis

Die gewaschenen Beeren in eine gefettete Auflaufform geben. Die restlichen Zutaten vermischen, mit der Hand zu Streuseln vermengen und über die Früchte geben. Bei 180° C auf der mittleren Schiene ca. 20 Min. backen, bis die Streusel gebräunt sind. Noch heiß mit Vanilleeis servieren.

Auch mit Brombeeren, Himbeeren oder ganz klassisch als Applecrumble sehr lecker!

Thymian verwende ich am liebsten frisch aus dem Garten. Er lässt sich aber gut trocknen und ist dann sogar noch intensiver im Geschmack.

GewürzMischung

In unserer ehemaligen Sandkiste bei der Terrasse wachsen nun meine Küchenkräuter: Schnittlauch, verschiedene Oreganosorten, rotes Basilikum und natürlich mein geliebter Thymian. Auch wenn dieses kleine Beet in der Nähe der Küche sehr praktisch ist, finde ich es schön, dass ebenfalls an anderen Stellen immer mal wieder Kräuter wachsen. Manche Thymianarten haben sich schon versät. Besonders wohl fühlt er sich im Toskanabeet und in allen möglichen Ritzen und Rillen.

Wenn ich Kräuter pflücke, werde ich oft an die Zusage erinnert, dass wir als Christen Salz sind. Wahrscheinlich, weil ein Freund einmal eine Gewürzmischung mitgebracht hat, um diesen Vers aus Matthäus 5 in einer Andacht zu verdeutlichen. Und wenn ich mich mal gar nicht so würzig oder salzig fühle, denke ich an ein befreundetes Ehepaar aus Norddeutschland. Sie haben einen recht kleinen, aber wundervollen Garten, in dem man an Sommerabenden herrlich sitzen und klönen kann. Ich erinnere mich gerne daran, wie sie staunten, als sich einige ihrer Nachbarn zum Glaubensgrundkurs angemeldet haben. Einfach nur, weil sie über längere Zeit hinweg vor Augen hatten, wie meine Freunde in ihrer Ehe miteinander umgegangen sind.

Für uns ist vielleicht vieles selbstverständlich, weil wir schon so lange mit Gott unterwegs sind. Oder wir haben gar nicht gemerkt, wie sehr Jesus uns schon von innen heraus verändert hat. Auf alle Fälle möchte ich davon ausgehen, dass Gott in uns am Wirken ist und die Menschen an uns erkennen können, wie er ist.

Ihr seid das Salz der Erde.

Matthäus 5,13

Thymus fragrantissimus

Orangen-Thymian

Dieser aufrecht wachsende Thymian hat graugrüne Blätter, die fast wie Nadeln aussehen. Im Frühjahr trägt er hübsche kleine weiße oder rosa Blüten, die wie die Blätter ein intensives fruchtiges Aroma haben und zum Würzen von Süßspeisen und als Tee verwendet werden können. Die Pflanze wächst kompakt, ist robust und winterhart.

☼ ↕ 20–30 cm ↔ 40–50 cm ❀ 5–6 ◊

Thymus x citriodorus

Zitronen-Thymian

Diese immergrüne Pflanze ist sehr pflegeleicht, Hauptsache sie bekommt genug Sonne! Die hellvioletten Blüten erscheinen im Sommer und locken viele Bienen an. Er kann das ganze Jahr über geerntet werden und ist äußerst gesund. Dieser Thymian gedeiht gut in Kübeln, in Steingärten und auch im Rasen, denn er ist trittfest.

☼ ↕ 20–30 cm ↔ 40–50 cm ❀ 5–6 ◊

Thymus serpyllum ‚Albus'

Teppich-Thymian

Ein weiß blühender Thymian, der einen dichten Teppich bildet. Bei mir wächst er auf einer niedrigen Mauer, von der er dekorativ herabhängt. Diese niedrig wachsende Pflanze liebt Sonne und einen durchlässigen Boden. Sie kann als Rasenersatz genutzt werden, wächst aber auch gut im Kübel und hat einen unwiderstehlichen Duft!

☼ ↕ 20–30 cm ↔ 40–50 cm ❀ 5–6 ◊ ♥

Thymian ernten

Thymian wird vor der Blütezeit geerntet, am besten am späten Vormittag. In Büschel zusammenbinden oder ausbreiten und für ca. eine Woche an einem luftigen Ort trocknen lassen. Blättchen abzupfen und in ein Glas füllen, um das Gewürz trocken und lichtgeschützt aufzubewahren.

Thymian

Selten verlasse ich eine Gärtnerei, ohne einen Thymian gekauft zu haben. Dem Duft dieser Pflanze kann ich einfach nicht widerstehen. Und es gibt so viele schöne Sorten: silberne, gelbgrüne, panaschierte, teppichbildende und aufrecht wachsende mit den verschiedensten Duftnuancen. Alle sind sowohl Heil- als auch Gewürzkräuter und sind gute Bienenweiden. Um sich wohlzufühlen, brauchen sie volle Sonne und einen durchlässigen Boden.

Thymian-Butter

Ein halbes Pfund Butter aus dem Kühlschrank nehmen und weich werden lassen.
Eine Handvoll Thymianblätter- und Blüten ganz fein hacken (nicht vorher waschen!)
Die Kräuter und drei Prisen Salz mit der Butter verrühren.
Zugedeckt hält sich die Thymianbutter bis zu einen Monat lang.

Für Baguette oder Stockbrot

Bei Husten und Heiserkeit hilft eine Tasse Thymiantee. Einfach einige Zweige Thymian mit heißem Wasser übergießen. Schon alleine der Duft tut gut!

Kräuter-Öl

Thymianzweige waschen, trocknen lassen und in eine gesäuberte Flasche geben. Mit Speiseöl auffüllen, bis die Kräuter ganz bedeckt sind. Nach Geschmack können noch andere Zutaten wie Zwiebeln und Knoblauch hinzugefügt werden. Luftdicht verschließen, damit das Öl nicht ranzig wird, und an einen dunklen Ort 3 bis 4 Wochen lagern. Die Zweige vor der Verwendung entfernen oder darauf achten, dass sie immer mit Öl bedeckt sind, sonst können sie schimmeln. Das Kräuteröl kann sich bis zu einem halben Jahr halten, wenn hochwertige Zutaten verwendet wurden.

Auch Rosmarin, Oregano, Minze, Bärlauch und Zitronenmelisse eignen gut für Kräuteröle.

Ein schönes Geschenk

LebensWasser

Ich bin kein großer Gießer, aber wenn es heiß ist, komme ich bei den Kübelpflanzen und den Hortensien nicht drum herum. Selbst die genügsamsten unter ihnen brauchen ab und zu ein Schlückchen Wasser. Teebaum und Zylinderputzer sind sogar so durstig, dass ich mit dem Wässern gar nicht hinterherkomme. Es ist anstrengend und es dauerte eine Weile, bis das Gießen einen festen Platz in meinem Tagesablauf bekommen hat, aber meine Pflanzen sollen ja nicht eingehen.

Auch meine Seele möchte bewässert werden – zum Glück muss ich nicht warten, bis jemand mich gießt, sondern ich kann jederzeit selbst zur Quelle gehen. Manchmal merke ich gar nicht, wie durstig ich bin oder gehe darüber hinweg, weil ich zu viel zu tun habe. Aber ich spüre, dass es mir guttut, wenn ich morgens in der Bibel lese. Für mich ist es auch eine Frage des Gehorsams gegenüber Gott, meinem König und Herrn. Klingt das nach Zwang oder womöglich nach Gesetzlichkeit? Ich möchte nur tun, was Jesus von mir will, weil er mich liebt und nur Gutes für mich bereithält. Außerdem schaffe ich ja auch, mir jeden Morgen (völlig freiwillig) die Zähne zu putzen, warum sollte es dann mit dem Bibellesen nicht klappen? Trotzdem fliegt es auch mir nicht zu, sondern ich muss mich bewusst dafür entscheiden und für Selbstdisziplin beten. Bis die Zeit mit Gott zu einer guten Gewohnheit geworden ist, kann das etwas dauern. Aber wie bei meinen Topfpflanzen ist das Wässern meiner Seele lebenswichtig.

Bei der Bepflanzung von Kübeln ist die Wahl der Pflanzen sehr wichtig. Besonders attraktiv ist eine Mischung aus Kletterpflanzen und hängenden Bodendeckern.

Regen und Schnee fallen vom Himmel und bewässern die Erde. Sie kehren nicht dorthin zurück, ohne Saat für den Bauern und Brot für die Hungrigen hervorzubringen. So ist es auch mit meinem Wort, das aus meinem Mund kommt. Es wird nicht ohne Frucht zurückkommen, sondern es tut, was ich will, und richtet aus, wofür ich es gesandt habe.

Jesaja 55,10-11

Kübelpflanzen

Seit einigen Jahren stehen auf unserer Terrasse ein paar Kübelpflanzen. Weil wir im Sommer oft dort essen und ich die durstigen Pflanzen vor Augen habe, schaffe ich es mit Ach und Krach, sie regelmäßig zu gießen. Besonders schätze ich an den Kübeln, dass ich jedes Jahr etwas anderes ausprobieren kann.

Kübel bepflanzen

Praxis-Tipp

- Einen passenden Kübel wählen. Er sollte ca. 3 cm größer als der bisherige Topf und mit Abflusslöchern versehen sein.
- Zuerst mit einer 1-7 cm dicken Drainageschicht aus Tonscherben befüllen, um Staunässe zu vermeiden.
- Die Pflanzen für 5 Minuten in einen Eimer mit Wasser stellen, damit sich der Wurzelballen vollsaugen kann.
- Den Topf mit passender Erde auffüllen. Möglichst torffreie Kübelerde verwenden.
- Die Pflanze vorsichtig aus dem Topf nehmen, einpflanzen und vorsichtig andrücken. Gut angießen!

Agapanthus ‚Amourette Blue'

1 Schmucklilie

An dieser dekorativen Kübelpflanze freue ich mich jeden Tag. Sie passt gut zu mediterranen Kräutern und kleinen Zitrusbäumchen. Sie soll frosthart sein aber ich nehme sie lieber im Winter ins Haus.

☼ ↕ 50–70 cm ↔ 100–150 cm ❀ 6–8 ❄

Solanum lycopersicum

2 Tomaten

Meine vier verschiedenen Tomaten wachsen in Kübeln unter dem Dachvorsprung, dort stehen sie sonnig und sind vor Regen geschützt. Am besten geht es ihnen, wenn ich im Urlaub bin und mein Nachbar sie gießt.

☼ ↕ 70–130 cm ↔ 40–50 cm ❀ 5–6 ❄

Citrus fortunella Kumquat

3 Kumquat-Bäumchen

Die vitaminreichen Früchte dieser exotischen Pflanze schmecken wie ein Mix aus Mandarine und Grapefruit. Sie können als Ganzes verzehrt werden und machen sich gut in einer Bowle.

☼ ↕ 30–45 cm ↔ 20–40 cm ❀ 4–5 ❄

Solanum melongena

4 Aubergine

Die Eierfrucht wächst bei mir im Kübel. Sie hat riesige Blätter und pelzige violette Glockenblüten. Ich dünge sie mit Brennnessel- und Beinwelljauche, das soll ihren Geschmack verstärken.

☼ ↕ 110 cm ↔ 50–60 cm ❀ 7 ❄

1

2

3

4

KleineWunder

In meinem Fitnessstudio arbeitet eine Frau, die ein echtes Original ist. Sie unterhält sich (und alle Anwesenden) gerne, lacht schallend und hat das Herz auf dem rechten Fleck. Neulich hat sie sich mit einer Teilnehmerin über Tomatenpflanzen unterhalten, da habe ich natürlich die Ohren gespitzt. Die Trainerin berichtete begeistert, dass ihre Pflanze weitergewachsen wäre, obwohl sie auf dem Transport nach Hause abgeknickt war. Die Besucherin schien sich mit Pflanzen auszukennen und meinte, man könne Tomaten auch vorziehen. Damit konnte die Fitnesstrainerin überhaupt nichts anfangen. „Vorziehen, was bedeutet das denn?", stand ihr ins Gesicht geschrieben. Nun wurde ihr erklärt, wie das mit den Samen funktioniert, wo man sie herbekommt und wie sie zu hegen und zu pflegen sind. Die Trainerin war hin und weg. Das schien ihr alles völlig neu zu sein, was mich wiederum total verblüffte. Ich dachte bei mir: *Das ist doch selbstverständlich, das weiß doch jedes Kind!* Für diese Frau war das aber anscheinend eine neue Welt. Sie staunte darüber, wie wenig die Samen kosten, dass aus einem Samen eine ganze Pflanze wird und vor allem, wie klein so ein Tomatensame ist – sie hatte ihn sich tatsächlich faustgroß vorgestellt!

Natürlich weiß ich inzwischen einiges über Pflanzen, schließlich ist das meine Leidenschaft. Aber wie wunderbar es ist, dass Gott in so einem kleinen Samen schon alles angelegt hat, und man darüber eigentlich nur staunen kann, das hat mir diese Trainerin neu vor Augen geführt. Als kleines Dankeschön werde ich ihr ein paar Samen meiner Lieblingstomaten mitbringen.

Herr, welche Vielfalt hast du geschaffen!
In deiner Weisheit hast du sie alle gemacht.
Die Erde ist voll von deinen Geschöpfen.

Psalm 104,24

Frühkartoffeln kombiniert mit Quark, kleingeschnittenem Schnittlauch, Leinöl und etwas Salz schmecken lecker. Ein gesundes Gericht, wenn es mal schnell gehen soll.

Kräuter

Ursprünglich hatte ich vor, nur in einem bestimmten Teil des Gartens giftige Pflanzen anzupflanzen. Als ich jedoch festgestellt habe, wie viele es davon gibt, habe ich eine andere Lösung gefunden. Ich habe stattdessen den bereits erwähnten ehemaligen Sandkasten zum Kräutergarten umfunktioniert. Dort wachsen nun Oregano, Basilikum, Schnittlauch und Etagenzwiebeln. Nur die Petersilie bekommt jedes Jahr einen neuen Platz, da die zweijährige Pflanze nicht gerne an der gleichen Stelle steht. Der Schnittlauch hat sich den extravagantesten Platz ausgesucht: Er hat sich großzügig auf dem Grasdach versät. Das sieht zwar sehr schön aus, wenn er blüht, wäre allerdings etwas umständlich zu ernten …

Gewürze

Dill
Estragon
Kerbel
Schnittlauch
Bärlauch
Pfefferminze
Oregano
Bohnenkraut
Thymian
Pfefferminze
Fenchel
Borretsch
Zitronenmelisse
Liebstöckel
Salbei
Majoran

Ocimum herbalea ‚Red Ball'

1 Purpur-Basilikum

Dieses Basilikum ist nicht nur äußerst aromatisch, sondern auch mit seinen dunklen Blättern und den violetten kleinen Blüten sehr dekorativ. Es liebt volle Sonne und braucht wenig Pflege, solange es nur genug Wasser bekommt. Meistens habe ich noch ein kleinblättriges grünes Basilikum. Ich verwende das Gewürz gerne für Salate oder ganz klassisch für Tomaten mit Mozzarella.

☼ ↕ 30 cm ↔ 20–30 cm ❀ 8–9 🐌 ♥

Origanum rotundifolium ‚Kent Beauty'

2 Blumen-Oregano

Ich habe verschiedene Oreganosorten mit dekorativen Blüten, dieser gefällt mir mit seinen rosa überhauchten Blüten besonders gut.
Er verträgt Trockenheit und ist bei Bienen und Hummeln beliebt. Die gelbgrüne Sorte ‚Aureum' pflanze ich nur zur Dekoration an. Sie wächst niedrig und eignet sich gut für Mauerkronen.

☼ ↕ 30 cm ↔ 30 cm ❀ 6–9 ♥

Calamintha nepeta

3 Bergminze

Eine wunderhübsche kleine Minze, die sich mit kargen Standorten zufrieden gibt und lange blüht. Ich habe sie an den Beetrand gesetzt, sodass ihre Rispen dekorativ über dem Rasen schweben, einfach traumhaft! Wenn ich sie im Vorbeigehen streife, erfüllt sich die Luft mit ihrem zarten Duft. Sie ist eine der wenigen Minze-Arten, die sich kaum verbreiten und nie zur Plage werden.

☼ ↕ 30–40 cm ↔ 30–45 cm ❀ 7–9 💧 ♥

1

2

3

MitEinander

Meine drei besten Schulfreundinnen waren sehr sportlich und haben mich im wahrsten Sinne beflügelt: Wenn sie mich nicht mitgezogen hätten, wäre ich beim Langstreckenlauf viel langsamer gewesen – oder gar nicht angekommen. Bei anderen Gelegenheiten haben sie von mir profitiert, zum Beispiel hatte ich immer gute Ideen, was man spielen oder anstellen könnte. Bei meiner jetzigen besten Freundin ist es ähnlich, es ist ein Geben und Nehmen, wenn auch auf einer anderen Ebene. Wir beten fast täglich miteinander, leiden mit dem anderen mit, machen uns gegenseitig Mut und fordern einander im Glauben heraus. Ich bin froh, dass Gott mir so eine tolle Freundin geschenkt hat.

Mykorrhizien sind Pilze, die den Boden verbessern und das Wachstum der Pflanzen unterstützen. Um die unterirdischen Helferlein zu erhalten, verzichte ich auf Fungizide und grabe möglichst wenig um.

Auch in der Natur gibt es diese gegenseitige Unterstützung, zum Beispiel bei den Mykorrhizien. Diese Pilze mit dem unaussprechlichen Namen gehen eine Symbiose mit Pflanzen ein, eine enge Lebensgemeinschaft, von der beide profitieren. Die Pilze docken sich regelrecht an den Wurzeln an, um von den Pflanzen mit Kohlenhydraten versorgt zu werden. Die Pflanzen lassen das meistens gerne zu, weil die Pilze ihnen im Gegenzug in vielerlei Hinsicht helfen:
Sie erschließen für die Pflanzen wichtige Nährstoffe, verbessern die Wasser- und Nährstoffaufnahme der Wurzeln und erhöhen deren Reichweite. Der Boden wird nachhaltig verbessert und die Pflanzen werden widerstandsfähiger und weniger krankheitsanfällig. Und die Pilze profitieren dann wiederum von dem gleichbleibenden und geschützten Lebensraum, den die Pflanzen ihnen bieten.

Deshalb sollt ihr einander Mut machen
und einer den anderen stärken,
wie ihr es auch schon tut.

1. Thessalonicher 5,11

Gemüse im Beet

Für einen richtigen Gemüsegarten fehlt mir leider die Zeit. Außerdem sind die Beete schon ziemlich voll. Allerdings sind viele Sorten so dekorativ, dass ich angefangen habe, sie einfach ins Staudenbeet zu setzen. So habe ich ungewöhnliche Hingucker im Beet und später frisches Gemüse auf dem Teller.

Mangold, violetter Kohlrabi, Artischocken und Rhabarber können auch im Blumenbeet interessante Akzente setzen.

Rhabarber-Kuchen

gelingt leicht

1 kg	Rhabarber
400 g	Mehl
1	Backpulver
100 g	Zucker
3	Eier
300 ml	Buttermilch
	Vanille

Rhabarber waschen, schälen und in 2 cm lange Stücke schneiden.

Die Hälfte des Zuckers mit den Eiern schaumig rühren. Erst Mehl und Backpulver schrittweise hinzufügen, dann die restlichen Zutaten unterrühren.

Den Teig auf ein gefettetes Backblech geben und die Rhabarberstücke darauf verteilen. Ohne vorzuheizen für 40 Minuten bei 180° C im Heißluftherd backen.

Den restlichen Zucker über den noch heißen Kuchen streuen.

Cynara cardunculus subsp. scolymus

Artischocke

Diese imposante Staude habe ich dieses Jahr zum ersten Mal gesetzt. Sie hat einen vollsonnigen Platz bekommen, an dem sie sich hoffentlich wohlfühlt. Damit sie gut durch den ersten Winter kommt, habe ich eine geschützte Stelle in der Nähe des Hauses gewählt. Auf ihre großen violetten Blüten werde ich auf alle Fälle zwei Jahre warten müssen. Dann stellt sich nur noch die Frage: Lasse ich die riesigen Knospen zur Blüte kommen oder will ich sie vorher ernten und verspeisen? Bienen und Hummeln würden auf alle Fälle für die Blüten stimmen.

☼ ↕ 150–180 cm ↔ 100–150 cm ❀ 8–9

Pisum sativum

Zuckererbsen

In diesem Jahr habe ich zum ersten Mal auch Zuckererbsen ins Wildblumenbeet gesät. Sie sind besonders süß, und man kann die Schote mitessen, muss sie allerdings früh genug ernten. Mit ihren hübschen weißen Blüten sind sie auch optisch eine Bereicherung. Ich habe ihnen Stöcke zum Festhalten zur Seite gestellt, frische Haselruten wären bestimmt noch schöner. Diese Erbsen sind so lecker und pflegeleicht, dass ich nächstes Jahr noch weitere Sorten ausprobieren möchte.

☼ ↕ 80–120 cm ↔ 10–20 cm

Rheum rhabarbarum

Rhabarber

Dieses Jahr habe ich keinen Rhabarber ernten können. Dabei habe ich stets die Blüten entfernt, damit sie der Pflanze nicht zu viel Kraft entziehen, und die Stangen herausgedreht, statt sie abzuschneiden, um Fäulnis zu vermeiden. Da ich aber ein leckeres Rhabarberkuchenrezept habe, werde ich im Herbst wieder einen rotstieligen Rhabarber setzen, weil diese Sorten milder sind und weniger Oxalsäure enthalten. Rhabarber darf nur bis zum 24. Juni geerntet werden, danach produziert er zu viel Oxalsäure.

☼☀ ↕ 40–50 cm ↔ 60–100 cm

Artischocken sind mit ihrem silbernen Laub ein schöner Blickfang.

LichtQuelle

Der Mond dient den Insekten als Orientierung, aber leider werden sie auch von künstlichen Lichtquellen angezogen. Dann umkreisen sie die Lampen, bis sie erschöpft zu Boden sinken oder leichte Beute für ihre Feinde werden. Ganz schlecht ist Dauerbeleuchtung, und blau-weiße LED-Leuchten sind am schlimmsten, denn sie wirken besonders attraktiv auf Insekten. Aber auch Solarlampen sind problematisch, weil sie zur Seite und nach oben leuchten. Ich habe in meinem Garten noch nie Beleuchtung gehabt, deswegen fällt es mir nicht schwer, darauf zu verzichten. Ich wünschte, ich könnte meine Nachbarn davon überzeugen, wenigstens eine Zeitschaltuhr zu installieren, damit die Insekten besser geschützt werden. Es ist nun einmal so, für Tiere wäre komplette Dunkelheit am besten – und wir Menschen könnten dann den Sternenhimmel viel besser genießen.

So wie Insekten vom Licht angezogen werden, zieht uns Gottes Güte magnetisch an. Der Mond dient ihnen zur Orientierung, wir haben dafür Gottes Wort. Nachdem ich Jesus kennengelernt hatte, konnte ich gar nicht genug vom Bibellesen bekommen. Ich habe nicht alles verstanden und war auch nicht mit allem einverstanden, aber ich habe mich intensiv damit auseinandergesetzt. Ich habe mit Gott und Freunden über das Gelesene gesprochen und mein Glaube ist gewachsen. Inzwischen kenne ich schon vieles und muss mich oft dazu aufraffen, in der Bibel zu lesen. Trotzdem lädt mich Gott ein, wie ein Insekt um sein Wort zu kreisen. Manchmal springt mich ein Vers regelrecht an und bekommt eine besondere Bedeutung für meine aktuelle Situation, dann freue ich mich sehr und schwirre eine Weile darum herum. Oft spüre ich keine besondere Verbundenheit mit Gott, sondern lese einfach aus einer Mischung aus Gehorsam und Vertrauen weiter morgens in der Bibel, in der Hoffnung, dass Gott schon etwas daraus machen wird.

Tiere und Pflanzen brauchen die nächtliche Dunkelheit. Wer im Garten auf Licht nicht verzichten möchte, aber den Insekten nicht schaden will, kann eine Zeitschaltuhr anbringen und gelb-orange Leuchten verwenden.

Dein Wort ist eine Leuchte für meinen Fuß
und ein Licht auf meinem Weg.

Psalm 119,105

1

2

3

Bienenfreunde

Mit vielen Blüten, die wir als schön empfinden, können Insekten leider nichts anfangen: bei hochgezüchteten, geschlossenen Blüten gehen sie leer aus. Sie bevorzugen offene Blüten und Pflanzen, bei denen viele kleine Blüten dicht beieinander stehen, damit sie nicht so weit fliegen müssen. Zum Glück gibt es viele Arten, die wunderschön sind und dabei noch wertvollen Nektar und Pollen spenden. Einige von ihnen sind regelrechte Bienenmagneten!

Phacelia

1 Bienenfreund

Diese urige Pfanze mit den puscheligen Blüten erfreut auch Schmetterlinge, Hummeln und Schwebfliegen. Ich hatte sie als Gründüngung gesät, als der Garten noch nicht angelegt war. Das sah schön aus, hat das Unkraut unterdrückt und ergab untergegraben einen guten Dünger. Seitdem versät sie sich von alleine.

☼ ☀ ↕ 40–60 cm ↔ 40–50 cm ❀ 6–10 💧 ♥

Symphytum

2 Beinwell

Eine pflegeleichte Heilpflanze mit borstigen Blättern und kleinen rosa, gelben oder violetten Glöckchenblüten, in denen die Bienen regelrecht versinken. Nach der Blüte wird die Staude unansehlich, deswegen schneide ich sie radikal zurück. Sie treibt zuverlässig wieder aus und blüht gleich wieder. Sie vermehrt sich durch Ausläufer, wurde bei mir aber noch nicht zur Plage.

☼ ☀ ↕ 60–90 cm ↔ 40–50 cm ❀ 5–9

Hyssopus officinalis

3 Ysop

Dieses aromatische Würz- und Heilkraut schneide ich im Herbst auf die Hälfte zurück. Ab und zu bekommt die Pflanze etwas Kompost, ansonsten ist sie anspruchslos und blüht lange. Ich glaube, von allen Pflanzen in meinem Garten mögen die Bienen den Ysop am liebsten. Unglaublich, wie viele ihn umschwirren. Die weiße Sorte mögen sie genauso gerne wie die blaue.

☼ ↕ 20–50 cm ↔ 40–60 cm ❀ 7–8 💧 ♥

Insektenfreunde

- Löwenzahn
- Gänseblümchen
- Wilde Möhre
- Storchschnabel
- Disteln
- Bartblumen
- Prachtscharten
- Quendel
- Malve
- Königskerzen
- Lavendel
- Nachtkerzen
- Huflattich
- Brennnesseln

Insekten

Was wäre ein Sommer ohne summende Bienen und umherflatternde Schmetterlinge? Ich versuche sie in meinen Garten zu locken, indem ich Pflanzen mit ungefüllten Blüten auswähle, die den Insekten viel Nektar und Pollen spenden.

Bienen und Wildbienen

Die erste Biene im Frühjahr ist immer ein Highlight für mich. Die fleißigen Tiere sind unverzichtbare Befruchter von Nutzpflanzen. Ihren leckeren Honig mag ich auch sehr.

Im Gegensatz zu den Honigbienen sind Wildbienen Einzelgänger. Viele haben sich auf bestimmte Blüten spezialisiert. Wir können ihnen helfen zu überleben, indem wir diese Pflanzen in unseren Gärten anbauen.

Schmetterlinge

Unglaublich, dass sich dicke Raupen in wunderschöne Schmetterlinge verwandeln! Die zarten Geschöpfe flattern durch den Garten, helfen beim Bestäuben von Blüten und setzen sich zum Aufwärmen mit gespreizten Flügeln in die Sonne. Schmetterlinge schmecken mit den Füßen und die meisten Falter sind nachts unterwegs.

Nachhaltig gärtnern

- Totholz, Laub- und Steinhaufen liegen lassen
- mehr unaufgeräumte Ecken
- Wildpflanzen und Unkraut stehen lassen
- auf Laubsauger verzichten
- Mähroboter nur tagsüber verwenden, damit keine Igel verletzt werden.
- Trockenmauer bauen
- keine Pestizide verwenden
- kein Licht im Garten
- Regenwasser nutzen
- Bienenhotel und Sandarium bauen
- organischen Dünger statt Kunstdünger verwenden
- Kompost anlegen
- auf Torf verzichten
- heimische Pflanzen bevorzugen
- bienenfreundliche Pflanzen oder sogar spezielle Pflanzen für Wildbienen setzen
- Vogelhäuser aufhängen
- Pflanzen vorziehen statt kaufen
- Samen und Pflanzen tauschen

Marienkäfer und Florfliegen

Die niedlichen Käfer bringen zwar kein Glück, verbreiten aber gute Laune. Wer sie unterstützen möchte, kann Ameisen im Garten bekämpfen, weil diese Marienkäfer fressen. Und man kann ihre Lieblingsblumen anpflanzen: Cosmea, Minze, Ringelblume, Storchschnabel und Dill.

Die hellgrünen Florfliegen mit ihren durchsichtigen zarten Flügeln kann man mit Katzenminze und Purpursonnenhut anlocken.

Marienkäfer und Florfliegen sind wertvolle Nützlinge: Ihre Larven fressen Blatt- und Schildläuse und zwar 400 - 600 Läuse pro Tag! Beide nehmen eine mit Stroh gefüllte Holzkiste als Winterquartier dankbar an.

Hummeln

Die pummeligen Insekten sind auch bei schlechtem Wetter, wenn die Bienen nicht unterwegs sind, gute Bestäuber. Mit ihrer langen Zunge reichen die Hummeln besonders gut in tiefe Blüten hinein. Mit Weiden und anderen Frühblühern kann man ihnen einen Freude machen. Ein beliebtes Quartier sind verlassene Vogelnester, deshalb sollte man sie über den Winter stehen lassen.

Wenn du im Frühjahr eine geschwächte Hummel herumliegen siehst, kann du sie mit kräftigendem Zuckerwasser stärken. Einfach einen halben Teelöffel Zucker in etwas warmem Wasser auflösen, das gibt der Hummel neue Kraft und sie kann zur nächsten Blüte fliegen. Vielleicht rettest du dadurch sogar ein ganzes Hummelvolk!

Geliebte Geschöpfe

Egal, ob wir gerne in Gruppen unterwegs sind wie die Honigbienen oder Einzelgänger sind wie die Wildbienen, Gott hat jeden von uns wunderbar gemacht. Er lockt uns mit seiner Liebe an wie eine duftende Blume. Ich bin überzeugt, dass wir nur bei ihm richtig satt werden. Zum Glück können wir einfach zu ihm kommen, wie wir sind, er wartet schon auf uns.

Ein Gebet, über das sich Gott ganz bestimmt freut und gerne beantwortet, ist: „Jesus, bitte begegne mir. Ich möchte dich besser kennenlernen."

Hört mir zu und eure Seele wird leben.

Jesaja 55,3

www.meingartenglueck.com

TIPP

Ideen für deine Seele und den Schutz der Insekten.

GewaltigeWinzlinge

Ich staune immer darüber, wie unterschiedlich Samen aussehen. Da sind die puscheligen Kornblumensamen, die Avocadokerne mit der harten Schale, die wunderschönen Kastanien und natürlich alle Samen, die von leckerem Fruchtfleisch umgeben sind. Und ich finde es faszinierend zu beobachten, wie sie keimen, sich entfalten und daraus die unterschiedlichsten Pflanzen entstehen.

Wenn Jesus im Lukasevangelium Gottes Königreich mit einem kleinen Samenkorn vergleicht, spricht mich das als Gärtnerin natürlich besonders an. Ich finde es wunderbar, dass Gott aus so etwas Unscheinbarem wie einem Senfkorn etwas Gewaltiges hervorbringt. Und ich möchte im Alltag danach Ausschau halten, wo Gott am Werk ist und sein Reich baut. Immer wieder stolpere ich über kleine Dinge, die Großes bewirken: Ein Lächeln, das mir den Tag rettet. Eine Freundin ruft genau in dem Moment an, wenn ich mich einsam fühle. Gott erhört mein „Nebenbei-Gebet" und zeigt mir dadurch, wie wichtig ich ihm bin.

Und wenn ich über Gott und sein Königreich nachdenke, fällt mir auf, wie er immer wieder aus wenig viel gemacht hat. Mir wird klar: Es gibt für ihn nichts zu Kleines, nichts Unwichtiges. Er kann auch aus der unscheinbarsten Sache etwas Erstaunliches wachsen lassen.

Einjährige Pflanzen überleben nur durch Aussaat. Es lohnt sich, für sie ein Fleckchen Erde frei zu halten.

Das Reich Gottes gleicht einem winzigen Senfkorn, das in einem Garten gepflanzt wird. Es wächst zu einem Baum heran, und die Vögel kommen und finden Schutz in seinen Zweigen.

Lukas 13,19

Einjährige

Einjährige blühen nur einen Sommer lang, dafür aber üppig und lange. Nach der Samenbildung sterben sie ab. Einige wären in ihrer Heimat sogar mehrjährig, aber das nützt ihnen bei unseren kalten Wintern nichts.

Sogenannten „Coolflowers" macht die Kälte nichts aus, manche brauchen sie sogar für die Keimung. Ich lasse sie wie die Zweijährigen nach der Blüte stehen, damit sie sich versäen können. So muss ich sie nicht mühsam in Töpfen vorziehen. Außerdem blühen sie viel früher und füllen die Beete, wenn die Zwiebeln verblüht sind und die Sommerblumen noch auf sich warten lassen.

Für eine Wildblumenoase reicht eine Insel im Rasen oder sogar ein Kübel völlig aus.

Einjährige Bienenpflanzen

Borretsch
Bienenfreund
Kosmee
Ringelblume
Goldmohn
Buchweizen
Kapuziner Kresse
Malve
Sonnenblume
Kornblume
Mohn

Wildbienen

Letztes Jahr haben wir im Rasen eine kleine Wildblumenwiese angelegt. Wir haben einfach den Rasen umgegraben und verschiedene Insektenmischungen ausgesät. Die Blumen haben den ganzen Sommer über geblüht, und es gab immer wieder Neues zu entdecken. Diese kleine Insel wurde zum schönsten Fleck im ganzen Garten!

Solche Oasen sind für Wildbienen und andere Insekten eine willkommene Zuflucht. Hier finden sie Pollen, Nektar und Nistmaterial. Ein Drittel der Wildbienenarten sind Feinschmecker, sie fliegen jeweils nur eine bestimmte Pflanze an. Wir können sie unterstützen, indem wir ihre Lieblingsblumen anpflanzen. Wer keine wilden Ecken mag, kann einen Kübel mit Kräutern bepflanzen, davon können alle naschen!

Hilfe für Wildbienen

Heimische Pflanzen verwenden

Ungefüllte Blüten bevorzugen

Für ein durchgängiges Angebot an Blüten sorgen

Eine wilde Ecke stehen lassen

Abgestorbene Stängel über den Winter stehen lassen

Kräuter anpflanzen

Natternkopf

Auf diese hübsche Pflanze hat sich die Natternkopf-Mauerbiene spezialisiert. Sie sammelt die Pollen mit ihrem Bauch. Auch andere Wildbienen mögen die blauen Blüten

www.meingartenglueck.com

DIY

Sandarium und andere Nistplätze für Bienen bauen.

Für Wildbienen-Feinschmecker

Gilbweiderich
Rainfarn
Wiesen-Schafgarbe
Schöterich
Kratz-Disteln
Hauhechel
Wiesen-Pippau
Zaunrübe
Ziest
Eselsdisteln
Resede
Wilde Möhre
Hahnenfuß

Gilbweiderich

Vier verschiedene Wildbienen benötigen diese heimische Ölpflanze, die Öl statt Pollen produziert. Da sie sich gerne ausbreitet, habe ich sie in Randsteine gesetzt.

Beliebtes Bienenfutter

Natternkopf
Skabiose
Flockenblume
Wegwarte
Glockenblumen
Weiss-Klee

Ein Garten ist ständig im Wandel. Manche Pflanzen sind die reinsten Vagabunden und suchen sich immer wieder neue Fleckchen, an denen sie sich für das nächste Jahr niederlassen können.

WunderbarWild

Es hat mir viel Spaß gemacht, unseren Garten zu gestalten, Pläne zu zeichnen und immer wieder umzuschmeißen, wenn mir neue Ideen kamen. Ich habe Bücher gewälzt über die Gestaltung kleiner Gärten, Farbkombinationen, optimale Standorte, Bodenbeschaffenheit und die Ansprüche meiner Lieblingspflanzen. Nach dem Lesen eines Buches über Trockengärten war mir klar: Das ist es – nie mehr gießen! Also habe ich rund um den Rasen und im Toskana-Beet sechseinhalb Tonnen Kies untergegraben, um den Boden abzumagern. Das war ein kleiner LKW voll! Mein Mann erklärte mich für verrückt und meinte kopfschüttelnd, er würde den Kies nicht wieder heraussieben …

Zum Glück war das nicht nötig. Und jetzt, wo die Sommer leider immer trockener werden, bin ich froh, dass ich zumindest einen Teil des Gartens nie gießen muss. Natürlich habe ich dort spezielle Pflanzen gesetzt, die die Trockenheit lieben. Und an den freien Stellen dazwischen findet sich auch immer ein Plätzchen für meine Vagabunden. Das sind die Pflanzen, die durch den Garten wandern, wie es ihnen gefällt. Meist sind es Einjährige, die sich selbst versäen, und im nächsten Jahr überraschend ganz woanders auftauchen: Klatschmohn, Margeriten, Leinkraut, Wolfsmilch und patagonisches Eisenkraut. Auch wenn sie mein sorgfältig durchdachtes Farbkonzept umschmeißen, sind mir diese kleinen Herumtreiber ans Herz gewachsen. Manchmal denke ich sogar, Gott mischt dabei mit. Er will mir mit den ungewöhnlichen Farbtupfern eine Freude machen und mich daran erinnern, dass ich bei ihm alle Freiheit habe. Als sein Schäfchen kann ich aus- und eingehen, wie ich möchte, das schätze ich sehr. Deshalb ist mein Garten auch nicht zu durchgestylt, sondern eher wild und wunderbar.

Jesus sagt: „Ich bin die Tür; wenn jemand durch mich hineingeht, so wird er gerettet werden und wird ein- und ausgehen und Weide finden."

Johannes 10,9

Alcea rosea

Stockrose

Diese typische Bauerngartenpflanze wächst kerzengrade und trägt auffallende große Blüten. Man sieht sie in vielen Farben: weiß, gelb, rot, rosa, violett und schwarzrot. Außerdem gibt es auch Sorten mit gefüllten Blüten, aber die einfachen halten länger und werden von den Insekten bevorzugt. Manchmal stütze ich die Stängel, damit Wind oder starker Regen sie nicht umwerfen. Nach der Blüte schneide ich die Pflanze zurück, damit sie im nächsten Jahr wieder blüht. Man kann die Samen allerdings auch reifen lassen, dann kann sich die Stockrose versäen.

☼ ↕ 180–200 cm ↔ 50–60 cm ❀ 6–9

Myosotis sylvatica

Vergissmeinnicht

Die zarten porzellanblauen Blüten sollen Liebe und Treue symbolisieren und sind einfach unwiderstehlich. Sie passen gut zu Tulpen und anderen Frühblühern und halten sich sehr lange in der Vase. Bei ihnen hat sich der Trick mit dem Selbstversäenlassen bewährt. Nun habe ich ganze Teppiche dieser luftigen Blüten. Sie fallen sogar meinen Nachbarn auf, denen ich gerne etwas von meinen Samen abgebe. Dadurch wurde ich auf die Idee mit den Samentütchen zum Verschenken gebracht.

☼ ☀ ↕ 30–40 cm ↔ 30 cm ❀ 4–5

Verbascum phoeniceum ‚Violetta'

Purpurkönigskerze

Ich habe keine Ahnung, wie diese kleine Schönheit in meinen Garten gekommen ist. Inzwischen hat sie sich sogar mehrfach versät. Aus den rosettenartigen Blättern erheben sich anmutig gebogene aufrechte Stiele, an denen sich nach und nach die purpur-violetten Blüten öffnen. Weil die Blätter so unscheinbar sind, markiere ich den Standort, damit ich nicht aus Versehen etwas anderes dorthinsetze. Dieses Jahr habe ich Samen für meine Schwester abgenommen und hoffe, sie werden bei ihr gut wachsen.

☼ ↕ 20–30 cm ↔ 40–80 cm ❀ 5–6 ♥

Zweijährige

Vermehrung

Praxis-Tipps

Zweijährige Pflanzen treten vor allem an Orten auf, die plötzlich frei geworden sind. Dort lassen sie sich gerne nieder und bilden zuerst einmal nur Blätter. Im folgenden Jahr kommen sie dann zur Blüte und versäen sich neu, manchmal an den sonderbarsten Plätzen. Es lohnt sich, diesen Pflanzen etwas Freiraum zu geben. Sie überraschen uns mit ihren üppigen Blüten und setzen bei der Gartengestaltung immer wieder eigene Akzente.

Ich schneide die Pflanzen nach der Blüte stark zurück und lasse das Schnittgut dann an Stellen liegen, an denen ich sie im nächsten Jahr gerne hätte. Wenn sie völlig verwelkt sind, schüttle ich die restlichen Samen heraus, bevor sie auf dem Kompost landen.

Auf diese Weise kann ich sie mit wenig Aufwand vermehren.

www.meingartenglueck.com

DIY

Samentüten zum Verschenken basteln. Gratis-Vorlage.

Die Zweijähigen haben oft dicke Pfahlwurzeln und lassen sich ungerne verpflanzen. Am besten an Ort und Stelle lassen und nur ausdünnen, wenn sie gar zu dicht stehen.

Zweijährige Pflanzen

- Silberdistel
- Muskatellersalbei
- Kugeldistel
- Stiefmütterchen
- Färberwaid
- Fenchel
- Nachtkerze
- Vergissmeinnicht
- Goldlack
- Fingerhut
- Königskerze
- Stockrose
- Nachtviole
- Natternkopf
- Verbene
- Färberkamille
- Bartnelke
- Petersilie

AlltagsHeldin

In meinem Toskana-Beet wachsen hauptsächlich Pflanzen, die es sonnig lieben: Sedum, Thymian, Lavendel, Ysop, verschiedene Salbeiarten und einige Gräser, unter anderem auch mein wundervolles *Stipa gigantea*. Ihnen macht es nichts aus, der prallen Sonne ausgesetzt zu sein. Im Gegenteil, sie sind dafür geschaffen, mit wenig Feuchtigkeit auszukommen. Einige haben dickfleischige Blätter, die das Wasser speichern. Andere besitzen silbriges Laub, das sie vor Sonnenbrand schützt und verhindert, dass die Pflanzen zu viel Wasser verdunsten. Und dann gibt es noch die Pflanzen, die sich durch seidenes, wächsernes oder wolliges Laub vor der Sonne schützen, wie Wollziest oder der Silberblatt-Salbei.

Ich bin nicht ganz so anspruchslos wie diese Pflanzen, eine meiner Freundinnen schon eher. Sie hat nur eine Terrasse zur Verfügung, findet dort aber Platz für allerlei Gemüse, ihre Kräuter und Kletterpflanzen. Es ist eine richtige kleine Oase. Und sie selbst ist für mich ein Vorbild an Genügsamkeit. Obwohl sie ständig unter Schmerzen und körperlichen Einschränkungen leidet, ist sie fast immer fröhlich und scheint mit ihrem Leben zufrieden zu sein. Natürlich beten wir weiter für Heilung, aber es ist auch schön zu sehen, dass Jesus so durch sie hindurchstrahlt. Ich möchte wie sie und meine Trockenhelden darauf vertrauen, dass Gott mich mit allem versorgt, was ich brauche.

Wahrer Glaube und die Fähigkeit,
mit wenigem zufrieden zu sein,
sind tatsächlich ein großer Reichtum.

1. Timotheus 6,6

Es lohnt sich,
einjährige und
zweijährige Pflanzen
lange stehen zu lassen,
damit sie sich
in Ruhe versäen
können.

Luftige Pflanzen

Es gibt Pflanzen, die schleichen sich heimlich in meinen Garten herein, wandern darin herum oder verstecken sich. Dazu zählen diese unauffälligen, luftigen Geschöpfe. Sie versäen sich gerne und überraschen mich im nächsten Jahr, indem sie plötzlich ganz woanders auftauchen. Manche sind halb durchsichtig, bilden sommerliche Schleier und erzeugen dadurch eine ganz eigene Atmosphäre.

Verbena bonariensis

1 Hohes Eisenkraut

Diese wertvolle Pflanze hat blauviolette Blütendolden auf hohen Stängeln und kaum Blätter, sodass sie fast durchsichtig wirkt. Sie bringt Höhe und Luftigkeit ins Staudenbeet, ohne dominant zu wirken. Bei mir hat sie sich im Kiesbeet jahrelang versät und zahlreiche Bienen, Schmetterlinge und Hummeln angezogen. Sie ist ungewöhlich standfest und braucht kaum Pflege.

☼ ↕ 30 cm ↔ 80–110 cm ❀ 7–10 💧 ♥

Foeniculum vulgare ‚Atropurpureum'

2 Bronzefenchel

Auch wenn dieser dunkellaubige Fenchel wegen seine Größe nicht zu übersehen ist, wirkt er dank seines feinen Laubes trotzdem luftig. Er versät sich gerne und taucht an den unmöglichsten Stellen auf, lässt sich aber leicht herausreißen. Der Fenchel ist eine vielseitige Heil- und Gewürzpflanze, und seine gelben doldenartigen Blüten ziehen die Insekten an.

☼ ↕ 80–140 cm ↔ 40–50 cm ❀ 7–8 💧

Veronicastrum virginicum

3 Kandelaber-Ehrenpreis

Der hohe Ehrenpreis ist mit seinen langen Rispen eine auffällige Erscheinung. Am besten kommen seine violetten oder weißen Blüten vor einem dunklen Hintergund zur Geltung. Ich schneide ihn erst im Frühjahr zurück, weil sein markanter Wuchs auch im Frost sehr attraktiv wirkt.

☼ ☼ ↕ 60 cm ↔ 100–120 cm ❀ 6–9

1

2

3

ErFrischung

Leider habe ich nicht viel Zeit zum Gießen und bin auch oft zu ungeduldig dafür, deswegen habe ich einen großen Teil des Gartens als Kiesgarten angelegt, der kaum gegossen werden muss. Außerdem habe ich viele Pflanzen ausgewählt, die mit Hitze und Trockenheit gut klarkommen, ich muss also nur die Kübelpflanzen und die Hortensien regelmäßig gießen. Alle anderen müssen schon demonstrativ die Blätter hängen lassen, damit sie Wasser bekommen. Wenn es allerdings lange nicht geregnet hat und sich die Pflanzen nach Regen sehnen, leide ich richtig mit. Dann genieße ich es, in den späten Abendstunden die Rosen lange zu wässern und dabei immer wieder an den Blüten zu riechen, die dann besonders stark duften. Die Pflanzen scheinen dann auch aufzuatmen, aber vielleicht bilde ich mir das nur ein.

Hauswurz und Sedum benötigen wenig Platz und müssen kaum gegossen werden. Sie eignen sich für die kleinsten Töpfe oder Schalen. Am besten gleich mehrere zusammenstellen.

Oft stelle ich mir beim Gießen vor, dass Gott ebenfalls gerade mit einem Schlauch im Garten steht und meine Seele wässert. Wie auch er das Wasser lange fließen lässt, damit ich tiefe Wurzeln treibe und neue Kraft bekomme. Immer wieder kommt mir dabei der Vers aus Jesaja in den Sinn, und während ich gieße und darüber nachdenke, sinkt er immer tiefer in mich ein, wie das Wasser in die Gartenerde. Wenn ich dann fertig bin mit dem Gießen, fühle ich mich richtig erfrischt und zufrieden. Eigentlich gieße ich doch ganz gern …

Dann wird dich der Herr beständig leiten und dir selbst in Dürrezeiten innere Zufriedenheit bewahren. Er wird deinen Körper erfrischen, sodass du einem soeben bewässerten Garten gleichst und bist wie eine nie versiegende Quelle.

Jesaja 58,11

Damit sich Vexiernelke und Eselsohr nicht zu sehr versäen, schneide ich sie nach der Blüte zurück. Die Rispen lasse ich aber noch eine Weile in einem Behälter für die Bienen stehen.

Trockenhelden

Viele meiner Pflanzen kommen mit sehr wenig Wasser über die Runden. Einige von ihnen sind richtige Überlebenskünstler. Oft haben sie silbriges, behaartes oder sehr kleines Laub, um die Verdunstung zu reduzieren. Dadurch wirken sie sehr elegant und passen ganz hervorragend in mein Toskana-Beet. Der extremste Standort dürfte unser Grasdach sein, da kann ich überhaupt nicht gießen. Trotzdem fühlt sich dort erstaunlicherweise der Schnittlauch sehr wohl!

Trockenhelden

- Verbenen
- Katzenminze
- Perovskie
- Sedum
- Lavendel
- Yucca
- Thymian
- Ysop
- Wolfsmilch
- Schafgarbe
- Goldmohn
- Meerlavendel

www.meingartenglueck.com

TIPP

Weitere Trockenhelden kennenlernen.

Helianthemum

1 Sonnenröschen

Ein zierlicher Halbstrauch, der unermüdlich und üppig blüht und bei Insekten beliebt ist. Bei mir wächst er auf der Trockenmauer. Es gibt weiße, gelbe, rosa und rote Sorten. Ich schneide ihn nach der Blüte stark zurück, damit er kompakt bleibt.

☼ ↕ 10–15 cm ↔ 20–30 cm ❀ 5–7 💧

Sempervivum

2 Hauswurz

Diese anspruchslose Pflanze wächst bei mir in der Mauer und auf dem Grasdach. Am faszinierendsten finde ich die Spinnweben-Hauswurz, deren Rosetten mit weißen Fäden übersponnen sind.

☼ ↕ 5–10 cm ↔ 10–60 cm ❀ 5–8 💧

Lychnis coronaria

3 Vexiernelke

Eine elegante Pflanze mit leuchtenden Blüten, die sich von alleine versäht. Sie passt gut zu Lavendel, Thymian und Gräsern. Besonders schön wirken die silbergrauen Blattrosetten im Winter.

☼ ↕ 30–40 cm ↔ 40–70 cm ❀ 6–7 💧

Stachys lanata

4 Eselsohr

Eine niedrige Staude mit silbrigen samtweichen Blättern und kleinen rosa Blütenbällen auf hohen Stängeln. Bienen und Hummeln lieben diesen genügsamen Bodendecker sehr.

☼ ↕ 20–60 cm ↔ 50–80 cm ❀ 7–8 💧 ♥

EinzigArtig

Es ist wunderbar, wie unterschiedlich Gott uns geschaffen hat. Jeder Mensch hat nicht nur einen unverwechselbaren Fingerabdruck, sondern auch einen einzigartigen Charakter, Begabungen und Vorlieben. Natürlich unterscheiden wir uns in unserem Aussehen, unserer Körperhaltung, Stimme und Gesten. Aber wir haben auch ganz verschiedene Dinge erlebt und werten sie unterschiedlich. Also ist es nicht weiter verwunderlich, dass auch unsere Gärten sich in der Gestaltung voneinander unterscheiden. Es gibt groß anlegte englische Landschaftsgärten, puristische asiatische Gärten, praktische Nutzgärten, wilde Naturgärten, formale italienische Gärten, Kräutergärten, duftende Rosengärten, Staudengärten, Steingärten, Wassergärten, Cottagegärten, Obstgärten und seit Neuestem auch noch „Gärten des Grauens". So spiegelt unser Garten auch unsere Persönlichkeit wider.

Mein Garten ist eher wild, aber wenn der Rasen geschnitten ist, wirkt er wie ein kleiner Park. Es gibt in ihm unterschiedliche „Räume": die Terrasse mit den Kübelpflanzen, den schattigeren Vorgarten, den Rasen mit Schaukel und Wäschespinne, die Trockenmauern, die kleine Wildblumenwiese, das mediterrane Kiesbeet, den Rosengang und das Kräuterbeet im ehemaligen Sandkasten. Insgesamt ist es eine bunte Mischung, in der es immer wieder etwas zu entdecken gibt. Ich freue mich, wenn mein Garten Spaziergängern gefällt und besuche liebend gerne Gärten, die ganz anders aussehen als meiner.

Der kleine Etagenhartriegel ist einfach hinreißend, nicht nur während der Blütezeit! Die Sorte Nuttallii wächst aufrecht und hat große weiße Blüten.

Ich danke dir, dass du mich so herrlich
und ausgezeichnet gemacht hast!
Wunderbar sind deine Werke, das weiß ich wohl.

Psalm 139,14

Blickfänge

Manche Pflanzen verdienen wegen ihrer Größe, ihrer Art oder wegen ihres besonders schönen Wuchses eine Einzelstellung im Garten. Ich setze diese Solitäre gerne ein, um in dem ganzen Blätter- und Blütengewusel Blickfänge zu schaffen. Das können kleine Bäume sein. In kleineren Gärten, so wie meinem, reichen auch auffällige Sträucher, hoch wachsende Stauden und Gräser.

Cornus controversa ‚Variegata'

Pagoden-Hartriegel

Ein wunderschöner kleiner Baum, der mit seinem etagenartigen Wuchs und den weißbunten Blättern das ganze Jahr die Blicke auf sich zieht. Im Frühjahr scheinen seine weißen Blüten über den Ästen zu schweben. Und im Herbst verfärben sich die Blätter purpurrot. Eigentlich ist dieser Hartriegel nicht empfindlich, aber als mein Exemplar in einem Jahr erst von den Rehen angefressen wurde und dann noch der Hagel kam, war das einfach zu viel für ihn. Er soll auch gut im Kübel wachsen, vielleicht versuche ich das noch mal. Dieses wunderschöne Gewächs verdient auf alle Fälle einen Ehrenplatz.

☼☼ ↕4–6 m ↔3–4 m ❀5–6 ♥

Aufrecht wachsende Pflanzen wie die Königskerze oder die nostalgisch anmutende Stockrose ziehen zu Recht die Blicke auf sich.

Verbascum olympicum

Königskerze

Die Kandelaber-Königskerze ist eine wirklich imposante Erscheinung. Schon ihre Rosette mit den großen graugrünen Blättern ist sehenswert, noch dekorativer ist sie natürlich während der Blütezeit. Meine Königskerze ist größer als ich! Nach der Blüte wird sie absterben, aber dann hat sie sich schon längst versät. Und ich kann gespannt sein, wo sie im nächsten Jahr wieder erscheint. Das letzte Mal wollte die Königskerze partout in der winzigen Ritze zwischen Kräuterbeet und Rasen wachsen, so ein Dickkopf! Ich habe sie gelassen …

☼ ↕ 100–200 cm ↔ 60–80 cm ❀ 5–8 ◊ ♥

Yucca filamentosa

Palmlilie

Diese sonnenhungrige Solitärpflanze stellt kaum Ansprüche und ist zu jeder Jahreszeit dekorativ. Im Sommer fallen ihre cremeweißen Blütenrispen schon von Weitem auf. Ich habe in mein Toskana-Beet mehrere Palmlilien gesetzt, um Höhe ins Beet zu bringen. Aber auch im Winter bringen sie mit ihren immergrünen Blättern Struktur in den Garten. Sie sind erstaunlich winterhart, nur die vertrockneten Blätter und Blüten drehe ich heraus. Dabei ziehe ich immer Handschuhe an, damit ich mich an den scharfkantigen Blättern nicht schneide.

☼ ↕ 60–120 cm ↔ 70–80 cm ❀ 6–7 ◊

Lythrum salicaria ‚Robin'

Blut-Weiderich

Eine zierliche Pflanze, die durch ihren aufrechten Wuchs Akzente im Staudenbeet setzt. Sie hat rispenartige violette Blüten, die sehr lange halten, und ist äußerst anspruchslos. Eigentlich steht sie gerne am Wasser und möchte alle fünf Jahre geteilt werden. Ich schneide sie lediglich im Frühjahr auf ca. 10 cm zurück, ansonsten freue ich mich über ihre hübschen Blüten. Über die Jahre hat sie sich sogar versät, und dabei Stellen ausgesucht, an denen sie richtig gut zur Geltung kommt. In Gruppen gepflanzt wirkt sie noch schöner!

☼ ↕ 100–120 cm ↔ 30–40 cm ❀ 7–9

Blattschmuck-
pflanzen werden oft
unterschätzt und nur
als Rahmen oder
Hintergrund eingesetzt.
Dabei bringen sie für
lange Zeit Abwechslung
in den Garten.

GrünSchnitt

Es ist erstaunlich, wie viel Biomüll im Garten anfällt. Auch wenn Rasenschnitt, abgeschnittene Zweige und Pflanzenreste auf dem Kompost landen, bleibt immer noch so einiges für die Biotonne übrig. Die Dornen der Rosen würden nicht verrotten, das Unkraut soll sich nicht durch den Kompost im Garten verbreiten und kranke Pflanzen werfe ich auch nicht auf den Kompost. Also fahren wir regelmäßig mit dem Auto voller Grünschnitt zum Wertstoffhof. Dort werden wir immer sehr freundlich empfangen, obwohl wir doch nur unseren Müll loswerden wollen. Wenn wir dann mit leerem Wagen nach Hause fahren, bin ich immer richtig erleichtert, denn das ganze Zeug ist weg – einfach so.

Heute nach dem Abladen ist mir aufgefallen, dass es bei Gott genauso ist. Auch bei ihm kann ich meinen Müll abgeben. Alles, was ich falsch gemacht habe oder versäumt habe, nimmt er mir gerne ab. Ich habe mir vorgestellt, dass er mich dabei genauso nett begrüßt und anlächelt, wie es der Mann beim Wertstoffhof tut. Er freut sich, wenn ich mit meinem Müll zu ihm komme, unglaublich! Merkwürdigerweise fühle ich mich oft nicht so erleichtert wie nach dem Abladen des Grünzeugs. Natürlich weiß ich, dass Jesus für mich gestorben ist, Gott mir meine Sünden vergibt und sie mich nicht mehr belasten müssen. Trotzdem hackt mein Gewissen machmal weiter auf mir rum, richtig frei fühle ich mich nicht. Dann hilft nur eins: Ich erinnere mich daran, dass seine Gnade größer ist als mein Gewissen.

Doch auch wenn unser Gewissen uns
schuldig spricht, dürfen wir darauf vertrauen,
dass Gott barmherziger mit uns ist
als wir selbst. Er kennt uns ganz genau.

1. Johannes 3,20

1

2

3

Dryopteris filix-mas

1 Wurmfarn

Dieser Farn wächst eigentlich in meinem Vorgarten, nun hat er sich in eine Mauerritze am Rasen geschmuggelt. Sehr attraktiv ist er, wenn sich im Frühjahr seine Wedel langsam ausrollen. Auch später ist er ein schöner Hingucker, besonders im Schatten. Leider sind alle Farne für Menschen und Tiere giftig!

☼☀ ↕ 50–120 cm ↔ 40–70 cm

Artemisia ludoviciana var. albula ‚Silver Queen'

2 Silberraute

Eine hübsche silbergraue Blattschmuckstaude, die sich an mehreren Stellen bei mir durch das Beet webt. Sie verbindet Rosa- und Blautöne sehr schön miteinander, bietet aber auch einen reizvollen Kontrast zu rotlaubigen Pflanzen, wie zum Beispiel dem Sedum. Sie liebt es warm und trocken und ist an nährstoffarmen Standorten standfester.

☼ ↕ 60–70 cm ↔ 60–100 cm ❀ 7–8 💧 ♥

Artemisia arborescens ‚Powis Castle'

3 Wermut

Ein wundervoller Halbstrauch mit weichen fein geteilten Blättern. Seine Blüten sollen unscheinbar sein, aber dafür Bienen und Hummeln anlocken. Bei mir hat er noch nie geblüht, aber das macht nichts, ich habe ihn ja wegen des silbrigweißen Laubs gepflanzt. Damit er nicht verholzt, schneide ich ihn im Frühjahr immer zurück. Dieses Jahr hat er sich endlich vom Hagelsturm erholt.

☼ ↕ 60–90 cm ↔ 50–80 cm ❀ 7–9 💧 ♥

Blattpflanzen

Bunte Blüten spielen in den meisten Gärten die wichtigste Rolle, attraktive Blätter beachten wir oft erst auf den zweiten Blick. Trotzdem könnte ich in meinem Garten nicht auf sie verzichten, denn Farne, Palmen und andere Blattpflanzen setzen durch ihre Formen ganz eigene Akzente. Besonders in meinem eher schattigen Vorgarten schätze ich sie sehr, dort bringen sie mit ihren ausdrucksvollen Blättern Abwechslung ins Beet. An anderen Plätzen schaffen sie Harmonien, indem sie sich mit ihren Nachbarpflanzen verweben. Besonders schön finde ich gelbgrüne Pflanzen in Kombination mit purpurroten und violetten Blüten. Aber auch silbriges und rotes Laub harmoniert wunderbar miteinander. Es gibt noch viele Schönheiten zu entdecken!

Dekorative Blätter

Elfenblume	Bergenie
Funkie	Salbei
Schaublatt	Purpurglöckchen
Aronstab	Bambus
Lungenkraut	Wolfsmilch
Feige	Päonie

AusZeit

Letzten Sommer sind wir gleich doppelt hängen geblieben. Zum einen als Familie in unserer Ferienunterkunft, weil wir mit dem Auto liegen geblieben sind. Wir konnten kaum etwas unternehmen, aber das war für uns alle in Ordnung. Wir kamen uns vor, als wären wir im Paradies gestrandet. Wir haben den Pool, die schönen Blumen, das frische Obst und Gemüse und die viele freie Zeit miteinander genossen und uns richtig gut erholt. Zum anderen hatte ich mir vorgenommen, im Urlaub den Philipperbrief zu lesen, bin aber einfach nicht über den elften Vers hinausgekommen. Na ja, nun hatte ich genügend Zeit, um darüber nachzudenken, Gott hat echt manchmal Humor.

Worauf kommt es wirklich an? Darüber machte ich mir Gedanken, setzte andere Prioritäten und ordnete mein Leben neu. Zumindest versuchte ich, es um Jesus herum zu sortieren, aber dann überrollte mich das Leben im Herbst total. Es war so voll und stressig wie nie, und oft hatte ich das Gefühl, gleich fliegt alles auseinander. Nachträglich frage ich mich, ob das Sortieren im Sommer überhaupt etwas gebracht hat. Oder habe ich die falschen Prioritäten gesetzt? Ganz sicher habe ich nicht alles umgesetzt und nicht genug weggelassen. Auf der anderen Seite hat Gott mir Kraft geschenkt und mich durchgetragen. Ohne die Auszeit im Urlaub wäre ich vermutlich völlig untergegangen. Jedenfalls möchte ich mir auch im nächsten Urlaub wieder mit Gott zusammen Gedanken machen, was dran ist und welche Ideen ich weiterverfolgen soll. Und um die Früchte kümmert er sich zum Glück so oder so.

Wenn ich die roten Lilienkäfer mit der Hand absammle, halte ich immer einen Becher unter die Blätter, um sie damit aufzufangen. Denn die Käfer lassen sich bei Erschütterungen fallen und verschwinden blitzschnell.

Ihr sollt imstande sein zu erkennen, worauf es ankommt, damit ihr rein und vorbildlich vor Christus steht, wenn er wiederkommt, und euer Leben reiche Frucht trägt – ihr seid ja gerecht vor Gott. Jesus Christus bewirkt diese Frucht, sodass Gott es ist, der geehrt und gelobt wird.

Philipper 1,10+11

1

2

3

4

Lilium martagon

1 Türkenbundlilie

Diese kleine Schönheit habe ich von meiner Mutter bekommen. Die zierlichen turbanähnlichen Blüten erscheinen nacheinander und verströmen einen sehr intensiven Duft. Es gibt auch violette, rote und weiße Sorten.

☼ ☀ ↕ 50–70 cm ↔ 10–30 cm ❀ 5–6 ♥

Lilium martagon

2 ‚Guinea Gold'-Lilie

Eine wunderschöne Türkenbundlilie, deren nickende goldgelbe Blüten kleine braune Sprenkel haben. Bei mir steht sie in der Mitte des Beets, dort kommt sie am besten zur Geltung.

☼ ☀ ↕ 80–100 cm ↔ 20–40 cm ❀ 6

Orientalische Lilien

3 + 4 Schehrazade + Brasilia

Diese Lilien bewundere ich immer, wenn ich im Sommer bei meinen Eltern bin. Leider sind sie kleine Diven und wollen regelmäßig mit Wasser versorgt werden, möglichst mit Luftfeuchtigkeit. Und bitte sonnig – aber der Fuß soll im Schatten stehen! Auf alle Fälle brauchen sie einen gut durchlässigen, leicht sauren Boden. Echt anspruchvoll, die beiden! Etwas frostempfindlich sind sie auch noch. Bei mir würden diese Schönheiten nicht lange durchhalten. Wenn sie sich wohlfühlen, können orientalische Lilien sehr hoch werden und ihre großen wächsernen Blüten verströmen einen intensiven Duft. Bei meiner Mutter stehen sie zwischen Rhododendren, Silberkerzen und der filigranen Wiesenraute. Ich habe die robustere Sorte ‚Black Beauty', sie hat dunkelrosa Blüten.

☼ ☀ ↕ 80–180 cm ↔ 20–30 cm ❀ 6–9

Lilien

Meine Lilien sind zwar längst nicht so riesig und üppig wie bei meiner Mutter, aber dafür sind sie anspruchsloser, als ich angenommen hatte. Und sie bringen Farbe ins Beet, wenn die Rosen eine Pause einlegen. Manche habe ich in Kübel gepflanzt, um spontan Lücken im Beet füllen zu können. Da sie empfindlich auf Staunässe reagieren, habe ich hohe Töpfe gewählt. Die unterste Schicht besteht aus leicht durchlässigem Material, Tonscherben oder grobem Kies. Und ich achte darauf, dass sie nicht im Wasser stehen.

Lilien mögen einen gut durchlässigen Boden. Am liebsten haben sie den Kopf in der Sonne und den Fuß im Schatten.

DurchTränkt

Wenn es über längere Zeit trocken war, fühle ich richtig mit meinen Pflanzen mit und sehne mich nach Regen. Aber bitte kein Starkregen, der alles wegschwemmt und den Pflanzen wenig nützt, weil sie das ganze Wasser gar nicht so schnell aufnehmen können. Lieber ein schöner Landregen, der über längere Zeit fällt und den Boden so richtig durchtränkt. So einen Regen empfinde ich als große Erleichterung und freue mich, dass meine Pflanzen endlich wieder aufatmen können.

In Psalm 72 wird die ideale Königsherrschaft mit genau so einem erfrischenden Regenschauer verglichen. Alleinherrscher wecken bei mir eher negative Assoziationen, aber Gottes Herrschaft ist zum Glück völlig anders. An seinem Sohn Jesus sehen wir, wie er sie sich vorstellt. Jesus hat seinen Jüngern die Füße gewaschen, nicht den Kopf. So definiert er Leitung und Regieren völlig neu. An Jesus sehen wir, dass Gott eher mit einem Gärtner zu vergleichen ist, der jedes Pflänzchen hegt und pflegt. Das ist unwiderstehlich anziehend, weil ich merke, wie wichtig ich ihm bin. Er weiß genau, wie er mit mir umgehen muss, damit seine Worte ankommen. Er kennt mich, liebt mich und trifft den Nagel auf den Kopf – ohne mich zu verletzen oder vor den Kopf zu stoßen. Irgendwie schafft er es, dass ich sein Lob und auch Kritik nicht von mir weise, sondern es annehmen kann (auch wenn es manchmal etwas dauert). So werde ich von ihm herausgelockt in ein Leben mit ihm, das mit Gutem getränkt ist wie ein regennasser Boden.

Seine Herrschaft sei so erfrischend
wie der Regen – wie die Schauer,
die die Erde bewässern.

Psalm 72,6

Hydrangea petiolaris

Kletter-Hortensie

Für diese Kletterpflanze braucht man etwas Geduld, sie blüht manchmal erst nach einigen Jahren. Dafür ist sie sehr pflegeleicht, verdeckt unschöne Stellen und hellt dunkle Ecken auf. Ihre süß duftenden Schirmblüten erscheinen bereits im Juni und harmonieren herrlich mit Rosen und Clematis. Dieses Jahr hat es nur so gebrummt vor lauter Bienen. Damit ich noch durch den neben ihr stehenden Rosengang komme, schneide ich einzelne Triebe im Frühjahr zurück, das hat die Hortensie immer gut vertragen. Im Herbst verfärbt sich ihr Laub leuchtend gelb. Die Blüten sehen bis ins nächste Jahr attraktiv aus, besonders bei Frost.

☼☼☀ ↕ 3–6 m ↔ 3–6 m ❀ 5–6 ♥

Hydrangea aspera ssp. sargentiana

Samtblatt-Hortensie

Um sie vor zu starker Sonne zu schützen, habe ich diese Hortensie in meinen Vorgarten gepflanzt. Trotzdem muss ich sie im Sommer regelmäßig gießen, damit sie ihre großen dunkelgrünen Blätter nicht hängen lässt. Dafür belohnt sie mich ab Juli mit ihren violett-weißen Blüten, die ich gerne zum Trocknen und Basteln verwende. Sehr interessant ist auch die abblätternde Borke an den älteren Zweigen. Wenn nötig, schneide ich im Frühjahr abgestorbene Triebe heraus. Mit Ausläufern hatte ich noch keine Probleme, ich bin schon froh, wenn sie bei mir trotz Hitze überlebt.

☼ ↕ 2–3 m ↔ 2–3 cm ❀ 7–8

Hydrangea quercifolia

Eichblatt-Hortensie

Diese Hortensie verdankt ihren Namen ihren großen eichenblattförmigen Blättern. Auch ihre Blüten sind sehr hübsch. Sie sind beim Aufblühen weiß, später verfärben sie sich leicht rosa. Die ganze Pflanze hat einen eleganten, romantischen Charme. Sie ist recht anspruchslos, absolut winterhart und wächst langsam. Zum Glück muss sie nicht ganz so oft gegossen werden wie die Samtblatt-Hortensie. Wenn sich ihre Blätter im Herbst leuchtend rot verfärben, zeigt sie noch einmal ihre ganze Schönheit.

☼☼ ↕ 80–120 cm ↔ 100–120 cm ❀ 7–9 ♥

Die Blüten der Kletter-Hortensie duften honigsüß und werden sehr gerne von Bienen besucht.

Hortensie

Diese nostalgischen Sträucher mögen eher sauren Boden, der nicht zu trocken wird. Eigentlich eignet sich mein Garten also nicht besonders für Hortensien. Trotzdem haben wir es miteinander versucht und kommen inzwischen ganz gut klar. Wenn sie nicht genug Wasser haben, lassen sie die Blätter demonstrativ hängen und ich eile dann mit dem Gartenschlauch heran. Nur in ganz heißen Sommern streiken sie und wollen nicht blühen. Dann freue ich mich an den roten und blauen Sorten bei meiner Nachbarin, die als Rentnerin mehr Zeit zum Gießen hat.

Hortensien trocknen

Die Blüten am Höhepunkt ihrer Blütezeit abscheiden, am besten an einem trockenen Tag, sobald der Tau abgetrocknet ist.

Der Stiel sollte ca. 15 cm lang sein. Bei Bauern-Hortensien nicht die Knospen für das kommende Jahr abschneiden!

An einem luftigen, dunklen Ort aufhängen oder in eine Vase mit 3 cm hohem Wasser stellen. Eine Mischung aus Wasser und Glycerin im Verhältnis von 2:1 erhält die Farbe der Blüten und sie bleiben schön weich.

Die Blüten der Hortensie eignen sich ausgezeichnet zum Trocknen. Mithilfe von Glycerin lässt sich sogar die Farbe gut erhalten.

Bewässerung

Viele meiner Pfanzen kommen mit wenig Wasser aus. Jetzt, wo die Sommer immer trockener werden, bin ich dankbar für diese Trockenhelden.

Pflanzen, die Hitze gut vertragen, kann man oft schon an ihrem Äußeren erkennen. Die silbrig-weißen Blätter des Lavendels und der Perovskie reflektieren das Sonnenlicht. Das Patagonische Eisenkraut hat kleine, dünne Blätter, die die Verdunstung verringern. Und Sukkulenten wie die Wolfsmilch können mit ihren dicken, ledrigen Blättern die Feuchtigkeit gut speichern. Wollziest und Königskerze schützen sich mit kleinen Härchen auf den Blättern vor dem Austrocknen durch heiße Winde. Und dann gibt es noch die Tiefwurzler, die mit ihren Pfahlwurzeln selbst verdichtete Böden durchdringen können, um sich mit Wasser zu versorgen. Zu ihnen gehören Rosen, Weinreben, Mohn und Löwenzahn.

Richtig gießen

Frühe Vögel gießen schon vor Sonnenaufgang, **am besten zwischen 4 und 6 Uhr.** Nachteulen können alternativ auch nach Sonnenuntergang gießen.

Lieber seltener gießen, dafür durchdringend. So wachsen die Wurzeln tiefer in den Boden und die Pflanze kann trockene Zeiten besser überstehen.

Direkt auf die Erde gießen, nicht auf die Blätter. Sonst können Verbrennungen auftreten und Pilzkrankheiten werden gefördert.

Langsam gießen, damit die Pflanze das Wasser aufnehmen kann. Ein Gießrand aus Erde sorgt dafür, dass das Wasser nicht wegläuft. Um Zeit zu sparen, kann man die Pflanzen umschichtig bewässern.

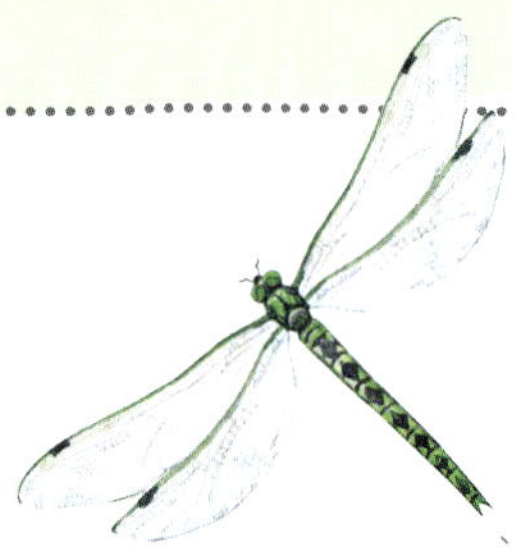

Wasser sparen

Organischen Dünger verwenden, er enthält natürliche Wasserspeicher.

Tontöpfe heizen weniger auf als Plastiktöpfe, am besten etwas größere wählen.

Mulchen mit Rasenschnitt, Kies oder Rinde reduziert die Bodenverdunstung.

Eine **Zisterne** oder ein **Regenfass** fangen kostbares Gießwasser auf.

Wasserdepots

DIY Ollas

Eine tolle Methode zur Bewässerung sind Ollas (ausgesprochen: Ojas). Diese Tongefäße werden im Beet vergraben und versorgen so die Pflanzen direkt an der Wurzel mit Gießwasser. Dadurch verdunstet weniger Wasser und Schnecken werden auch nicht angelockt. Besonders gut eignen sich Ollas für Hochbeete.

Material:
2 unglasierte Tontöpfe, die gut ineinander passen
ein glasierter Blumentopf-Untersetzer
Tonscherbe oder ein Korken, der in das Topfloch passt
Silikon, Heißkleber oder Fliesenkleber

Die beiden Tontöpe mit der Öffnung aneinanderkleben, sodass kein Wasser mehr durch den Spalt gelangen kann.

Eins der Löcher mit der Tonscherbe oder dem Korken wasserdicht verschließen.

Olla eingraben und mit dem Schlauch befüllen.
Das obere Loch mit dem Untersetzer abdecken, damit kein Schmutz und keine kleinen Tiere hineinfallen können. Mit Wasser gefüllt dient er gleichzeitig als Insektentränke.

Ollas ein- oder zweimal in der Woche auffüllen.

Über Winter ausgraben, damit sie bei Frost nicht platzen können!

Rasen muss nur in der ersten Wachstumsphase nach der Aussaat gegossen werden. Bei Hitze nicht mehr mähen. Selbst völlig vertrockneter Rasen treibt in der Regel wieder aus.

www.meingartenglueck.com
DIY
Olla bauen
Schritt-für-Schritt-Anleitung.

SonnenAnbeter

Junge Sonnenblumen richten ihre Blüten nach der Sonne aus, sie scheinen sie regelrecht anzubeten. Am Morgen sind ihre Köpfe nach Osten gewandt, dann drehen sie sich tagsüber mit der Sonne, bis sie am Abend nach Westen gucken. Nachts geht es dann wieder zurück nach Osten, als wollten sie den Aufgang der Sonne auf keinen Fall verpassen. Durch diese konsequente Ausrichtung auf die Sonne erwärmen sich ihre Blüten schneller und locken bis zu fünfmal mehr bestäubende Insekten an. Die Sonnenblumen wissen anscheinend genau, was ihnen guttut.

Für mich ist das ein wunderschönes Bild für ein Leben in Gottes Gegenwart. Auch ich möchte mich den ganzen Tag über immer wieder auf ihn ausrichten. Seine wärmende Liebe empfangen, noch mehr Frucht bringen und ihn dadurch anbeten. Leider geht das nicht immer so leicht und selbstverständlich wie bei der Sonnenblume, deshalb habe ich für mich passende Rituale gefunden, die mir helfen, mich auch im Alltag immer auf Gott auszurichten. Ein kurzer Guten-Morgen-Gruß, Bibellesen am Morgen, ein Bibelvers als Passwort, feste kurze Gebetszeiten mit einer Freundin, Gebete während der Fahrt zur Arbeit und die Gebete abends mit meinen beiden Jungs helfen mir dabei. Und ich möchte ständig bereit sein, damit Gott mich mit seiner Liebe überraschen kann.

Vögel lieben Sonnenblumenkerne, deswegen lasse ich immer einige verwelkte Blüten zum Naschen für sie stehen.

Der Herr richte eure Herzen
auf die Liebe zu Gott aus und auf
das geduldige Warten auf Christus!

2. Thessalonicher 3,5

Sonnenblume

Sonnenfreunde

Im Spätsommer lasse ich alle Farbkonzepte sausen und freue mich einfach an der Fülle der Farben. Besonders gut kommen nun die gelben Blüten zur Geltung. Sie passen wunderbar zu den sich langsam verfärbenden Blättern und den bunten Früchten. Auch bei unserer kleinen Blumenwiese im Rasen herrschen dieses Jahr Orange- und Gelbtöne vor, mit einigen kleinen Sonnenblumen dazwischen.

Gute-Laune-Pflanzen

Sonnenbraut
Königskerze
Färberkamille
Alant
Schafgarbe
Goldfelberich
Johanniskraut
Brandkraut
Mauerpfeffer
Nachtkerze
Goldrute
Pfennigkraut

Helianthus annuus

1 Sonnenblume

Ich habe nur einjährige Sonnenblumen in meinem Garten, weil sich die Staudensonnenblumen zu sehr ausbreiten und ich gerne mit den unterschiedlichen Sorten experimentiere. Mal säe ich Riesensonnenblumen, dann wieder eine verzweigte Sorte, in der die Vögel turnen. Die verblühten Köpfe lasse ich für sie stehen.

☼ ↕10–25 cm ↔30–45 cm ❀6–9 ♥

Coreopsis verticillata ‚Grandiflora'

2 Mädchenauge

Eine anmutige kleine Staude, die mit ihren leuchtend gelben Blüten besonders gut vor einem dunklen Hintergrund zur Geltung kommt. Auch das zierliche nadelartige Blattwerk ist dekorativ. Ich finde es immer wieder erstaunlich, wie standfest und widerstandsfähig diese zarte Pflanze ist. Es würde ihr guttun, wenn ich sie alle drei Jahre teilen würde, vielleicht schaffe ich es im nächsten Jahr.

☼ ↕50–60 cm ↔50–70 cm ❀7–9

Rudbeckia fulgida var. sullivantii ‚Goldsturm'

3 Sonnenhut

Mit ihren goldgelben strahlenförmigen Blüten sieht diese Staude aus wie eine kleine Sonnenblume. Mit ihren kräftigen Stielen ist sie sehr standfest. Allerdings muss sie bei warmem Wetter täglich gegossen werden, das ist mir oft zu viel. Wenn unsere Sommer weiterhin so heiß werden, werde ich sie durch Schafgarben ersetzen.

☼ ↕50–60 cm ↔50–60 cm ❀8–10

1

2

3

WertVoll

Vor vielen Jahren habe ich in der Biografie von Amy Carmichael gelesen, dass Gott weder unsere Zeit, noch unser Geld oder unsere Talente verschwendet. Darüber habe ich lange nachgedacht und ich denke, sie hat recht. Gott nutzt alles in unserem Leben, selbst schmerzvolle Erfahrungen sind dadurch nicht sinnlos. Deswegen mag ich auch die Geschichte von Joseph so gerne. Statt sich an seinen Brüdern für alles Schlimme in seinem Leben zu rächen, sieht er Gottes Plan dahinter und kann zu ihnen sagen: „Gott hat alles Böse, das ihr geplant habt, zum Guten gewendet. Auf diese Weise wollte er das Leben vieler Menschen retten" (1. Mose 50,20).

Die Perovskie hat gleich mehrere Vorzüge: Sie blüht sehr lange, zieht Insekten an, ist pflegeleicht und sieht das ganze Jahr über attraktiv aus. Sie ist eine meiner Lieblinge.

Wie Gott aus Müll etwas Gutes entstehen lassen kann, sehe ich immer wieder an meinem Kompost. Dort sammle ich Rasenschnitt, heruntergefallene Blätter, Obst- und Gemüseabfälle und alte Topferde. Eigentlich sollten die unterschiedlichen Materialien abwechselnd geschichtet werden, doch das schaffe ich nur selten. Und ich habe es auch noch nie hinbekommen, ihn zwischendurch umzusetzen. Trotzdem werden die organischen Materialien mit der Zeit zersetzt und ein wunderbar krümeliger Naturdünger entsteht. Er dient nicht nur als Futter für meine besonders hungrigen Pflanzen, sondern verbessert auch den Boden. Gott verschwendet wirklich nichts.

Deshalb bleibt fest und unerschütterlich im Glauben, liebe Freunde, und setzt euch mit aller Kraft für das Werk des Herrn ein, denn ihr wisst ja, dass nichts, was ihr für den Herrn tut, vergeblich ist.

1. Korinther 15,58

Späte Sträucher

Diese Sträucher werden von Insekten fröhlich umsummt, bilden einen schönen Kontrast zu allen warmen Farben und sind sehr anspruchslos. Sogar im Winter wirken sie noch attraktiv, was will ich mehr?

Im Sommer ist der Tisch für Bienen und Hummeln reich gedeckt, im Herbst blüht sehr viel weniger. Spätblühende Pflanzen sind deswegen für Insekten besonders wertvoll.

Hibiskus-Sirup

Zutaten für 1 Liter:
500 ml Wasser
300 g Zucker
20 g Hibiskusblüten
1 EL Zitronensaft

Hibiskusblüten in Wasser einweichen, kurz aufkochen und über Nacht ziehen lassen. Durch ein Tuch gießen und die Blüten ausdrücken.

Zucker und Zitronensaft dazugeben und noch einmal kochen, bis sich der Zucker gelöst hat.

In eine heiß ausgespülte Flasche füllen und gut verschließen.

Hibiscus syriacus

Garten-Eibisch

Ein langsam wachsender Strauch, der erst spät austreibt. Mein Hibiskus hat glänzende grüne Blätter und große ungefüllte blauviolette Blüten. Es gibt auch Sorten, die weiße, rosa und rote Blüten tragen, manche sind mit einem dunklen Fleck versehen. Die Früchte bleiben oft den ganzen Winter über an den Zweigen. Außerdem finde ich die mit grünen und grauen Flechten bedeckten Zweige sehr interessant. Der Strauch verträgt zwar einen kräfigeren Rückschnitt, aber ich schneide nur die abgestorbenen Zweige zurück.

☼ ↕ 2,50–3 m ↔ 1,5–2 m ✿ 8–10

Perovskia atriplicifolia ‚Blue Spire'

Blauraute

Mit ihren lavendelartigen Blüten und den silbrigen Zweigen ist dieser Halbstrauch einer meiner Lieblingspflanzen. Ich bin begeistert von seiner langen Blütezeit, dem lockeren aufrechten Wuchs und seiner Genügsamkeit. Ich schneide ihn jedes Jahr im Frühling radikal zurück und lasse ihn durch ein Gitter wachsen, damit er bei Regen nicht auseinanderfällt. Bienen und Hummeln schätzen diesen spät blühenden Strauch sehr. Und ich freue mich über seine grazilen Zweige, die auch im Winter noch dekorativ wirken, wenn sie mit Frost überzogen sind.

☼ ↕ 100–150 cm ↔ 50–120 cm ✿ 7–10 💧

Caryopteris x cladonensis

Bartblume

Dieser kugelige kleine Strauch verdient eigentlich einen Sonderplatz. Ich habe ihn mit der roten Kletterrose ‚Sympathie' und einer violetten Clematis kombiniert. Zu rosa oder weißen Blüten passt die Bartblume mit ihrem silbergrauen Laub aber auch sehr gut. Solange sie einen Sonnenplatz bekommt, ist sie zufrieden und lockt mit ihren tiefblauen Blüten zahlreiche Insekten an. Im Frühjahr schneide ich sie auf 20 cm zurück, so bleibt sie buschig und kompakt. Sie eignet sich auch für größere Kübel, dann braucht sie aber etwas Frostschutz.

☼ ↕ 80–100 cm ↔ 80–100 cm ✿ 7–9 💧 ♥

Auch Liguster, Natternkopf, Günsel, Blutweiderich, Disteln, Gräser, Brennnessel, Fenchel, Fetthenne und Klee sind bei Schmetterlingen beliebt.

ÜberReich

Jesus hat uns ein Leben in Fülle versprochen. Darunter verstehe ich nicht, dass immer alles im Leben glattläuft, ich frei bin von Schmerz und Leid. Ich denke eher an ein zufriedenes Leben, ein Leben im Einklang mit Gott, ein Leben mit Sinn, das über mich selbst hinausweist.

Mein Garten ist zwar nur ein matter Abglanz dieser geistlichen Fülle, drückt aber den Überfluss sehr schön aus. Über das ganze Jahr hinweg habe ich üppige Gartenszenen vor Augen. Im Frühling denke ich als Erstes an unsere Zierkirsche, die überreich blüht. Aber auch mein Toskanabeet ist mit Zierlauch, Wolfsmilch und Tulpen eine Pracht. Im Sommer kommt mir die Kombination von Rosen, Lavendel und Clematis in den Sinn. Der Herbst ist für mich untrennbar mit unserem leuchtend rosaroten Korkflügelstrauch, dem überreich tragenden Zierapfelbaum und den vielen bunten Blättern auf dem grünen Rasen verbunden. Selbst im Winter ist etwas von der Fülle zu ahnen, wenn die Massen von Schneeglöckchen unter den Lenzrosen und der Zaubernuss erscheinen. Vom Meer der Winterlinge ganz zu schweigen!

Dazu kommen noch die vielfältigen Blatt- und Blütenformen, die unterschiedlichen Farben, Geschmäcker und Gerüche. Gott hat sich mit der Schöpfung schon allerhand einfallen lassen, um uns etwas von seinem Überfluss zu zeigen.

Ich aber bin gekommen, um ihnen
das Leben in ganzer Fülle zu schenken.

Johannes 10,10

Sedum hybridum ‚Immergrünchen'

Polster-Fetthenne

Diese Dickblattpflanze ist äußerst robust und absolut pflegeleicht, sie kommt mit Sonne und Hitze sehr gut zurecht. Ich pflanze sie gerne in größere Mauerritzen, die sie in kurzer Zeit vollständig ausfüllt. Die Polster-Fetthenne wächst auf jedem Boden und ihre leuchtend gelben sternförmigen Blüten sind bei den Bienen sehr beliebt. Die immergrünen Blätter färben sich im Herbst rötlich, zusammen mit den Samenständen sehen sie den ganzen Winter über dekorativ aus.

☼ ☀ ↕ 5–10 cm ↔ beliebig ❀ 6–7 💧

Sedum spurium ‚Solarity Deep'

Teppich-Fettblatt

Diese dekorative kleine Staude hat fleischige purpurfarbene Blätter, die sehr gut zu den dunkelrosa Blüten passen. An den Schirmrispen sitzen viele kleine Einzelblüten, die zahlreiche Hummeln, Bienen und Schmetterlinge anziehen. Da die Staude wenig Wasser benötigt, fühlt sie sich in den Ritzen meiner Trockenmauer wohl. Es gibt außerdem weiße, rosa und rote Sorten, die sich alle gut als Bodendecker eignen. Ich muss aber darauf achten, dass sie sich nicht zu stark ausbreitet.

☼ ☀ ↕ 10–15 cm ↔ 20–30 cm ❀ 6–8 💧

Sedum pachyclados

Rosetten-Fetthenne

Ein wunderschönes kleines Sedum, das mit seinen blaugrünen Blattrosetten hübsche Akzente setzt. Bei mir wächst es auf Mauerkronen, es eignet sich aber auch gut, um Mauerritzen zu füllen. Seine rosa-weißen Blütendolden locken die Bienen und andere Insekten an. Ich freue mich das ganze Jahr über an den dekorativen Blättern und bin froh, dass dieser kleine Bodendecker so anspruchslos ist.

☼ ☀ ↕ 5–10 cm ↔ beliebig ❀ 6–7 💧

Sedum

Diese Pflanzen sind echte Überlebenskünstler. Sie lieben Trockenheit, kommen mit kargem Boden zurecht und brauchen fast gar keine Pflege. Bei mir wachsen sie in der Trockenmauer, im Steingarten und auf dem Dach. Es gibt unglaublich viele Sorten, die besonders schön aussehen, wenn sie ineinanderwachsen. Eine meiner Freundinnen bepflanzt unterschiedlich große Töpfe mit unterschiedlichen Sedumarten, das macht kaum Arbeit, sieht das ganze Jahr über attraktiv aus und lässt sich immer wieder umgruppieren. Das werde ich diesen Sommer auch ausprobieren.

Sedum Telephium ‚Matrona'

Fetthenne ‚Matrona'

Diese dekorative Staude hat fleischige purpurfarbene Blätter und ist sehr standfest. Ihre großen Blütenteller sind zuerst grünlich, gehen dann über in eine Mischung aus grünen und rosa Farbtönen und bilden zu jedem Zeitpunkt einen schönen Kontrast zu den dunkleren Blättern. Weil die Fetthenne auch schneebedeckt noch dekorativ aussieht, schneide ich sie erst im Frühling zurück.

☼ ↕ 60–70 cm ↔ 45–55 cm ❀ 8–10 ◊ ♥

Niedrige Sedum-Arten nehme ich gerne für Mauerritzen und als Bodendecker für sonnige Standorte. Die hohen Sorten dienen als Blickfang in meinem Staudenbeet.

Succulenten-Herz

Kaninchendraht
verschiedene Succulenten
Moos
Drahtschere
Draht

www.meingartenglueck.com
DIY
Weitere Geschenkideen mit Sukkulenten + Pflegetipps.

Aus dem Kaninchendraht zwei mindestens 20 cm große Herzen schneiden.

Vorsichtig in eine gewölbte Fom biegen.

Die beiden Teile an den Rändern mit dem Draht miteinander verbinden. Dabei ein Loch lassen und das Herz mit Moos ausstopfen.

Das Moosherz mit Wasser tränken und die Succulenten behutsam in die Form stecken, eventuell zusätzlich mit Draht befestigen.

Die Blüten der Herbstanemone schweben hoch über den Blättern und wiegen sich sanft im Wind. Dabei sind sie erstaunlich stabil und halten sich sehr lange, auch in der Vase.

NatürlichWachsen

Ich liebe es, durch Gärten zu schlendern, egal ob es mein Garten ist oder er jemand anderem gehört. Es gibt immer etwas zu entdecken: Hier ist der erste Mohn aufgeblüht, da bekommt eine Kletterrose einen kräftigen neuen Trieb, dort hat sich eine Königskerze ganz frech mitten auf dem Weg versät. Natürlich zupfe ich hier und da Unkraut, binde eine Clematisranke hoch oder pflücke mir eine wilde Erdbeere. Richtig arbeiten tue ich bei meinem Rundgang nicht, ich streife eher durch den Garten, genieße ihn und gucke, wie sich die Pflanzen entwickeln. Ich sollte eigentlich wissen, was ich wo gepflanzt habe, aber der Garten ist eben ziemlich wild. Deswegen entdecke ich in ihm auch manchmal kleine Überraschungen wie eine Herbstzeitlose, die hinter einem hohen Gras versteckt blüht. Ich staune immer wieder, dass die Pflanzen scheinbar wie von selbst wachsen.

Und ich stelle mir gerne vor, wie Gottes Reich genauso selbstverständlich wächst. Ein ehemaliger Pastor hat am Ende jedes Gottesdienstes gebetet: „Wir preisen deine Liebe, die in uns ihr Werk vollbringt." Das hat mir total gefallen, weil da so viel Freiheit und Gnade drinsteckt, deswegen habe ich den Satz für mich übernommen. Gott ist es, der das Wachstum bewirkt, bei den Pflanzen – und zum Glück auch bei mir.

Wichtig ist nicht der, der pflanzt oder bewässert, wichtig ist Gott, denn er lässt den Samen wachsen.

1. Korinther 3,7

1

2

3

Anemone Japonica ‚Honorine Jobert'

1 Japan-Anemone

Die schalenförmigen Blüten dieser weißen Herbst-Anemone sind halbgefüllt. Sie gehört zu den bewährtesten Sorten. Aber auch die einfach-blühende rosaviolette ‚Robustissima' mag ich in ihrer Schlichtheit sehr. Die dekorativen gelben Staubgefäße aller Arten locken Insekten an. Inzwischen bilden sie bei mir sogar Ausläufer.

☼ ☀ ↕ 60–130 cm ↔ 40–50 cm ❀ 8–10 ♥

Aster dumosus

2 Kissen-Aster

Diese bienenfreundliche Pflanze bildet dichte Teppiche und bringt im Herbst Farbe in meinen Garten. Neben meinen violetten und rosafarbenen Sorten gibt es noch blaue, weiße und pupurfarbene Sorten. Eigentlich sollte man sie alle zwei bis drei Jahre nach der Blüte teilen, damit sie gesund bleiben, vielleicht schaffe ich es dieses Jahr.

☼ ↕ 20–50 cm ↔ 30–40 cm ❀ 8–10

Colchicum autumnale

3 Herbstzeitlose

Über diese schöne Zwiebelpflanze freue ich mich oft bei Herbstspaziergängen. Ich habe eine violett blühende Sorte im Garten, es gibt aber auch weiße und eine seerosenartig gefüllte Sorte. Alle sind äußerst giftig, besonders im Frühjahr werden ihre Blätter manchmal mit Bärlauch verwechselt. Unterscheiden kann man sie unter anderem am Geruch.

☼ ↕ 10–25 cm ↔ 10–20 cm ❀ 8–10 💧

Herbstblüten

Wenn die Tage kürzer werden, bin ich dankbar für jede Blüte, die Farbe in den Garten bringt. Es darf auch gerne farblich knallen. Jetzt macht es mir nichts aus, wenn Orangerot und Violett auf Rosa und Purpurrot trifft. Im Gegenteil: je bunter, desto besser! Besonders viel Freude machen mir die ganz normalen Ringelblumen, die unerschütterlich bis zum Frost blühen.

Späte Blüten

Silberkerze
Eisenhut
Alpenveilchen
Goldrute
Topinambur
Chrysantheme
Heidekraut
Lampionblume
Zinnie
Raublattastern
Montbretie

WindHauch

Meine Liebe zu Gräsern habe ich erst spät entdeckt, denn bei der Gartenplanung hatte ich sie überhaupt nicht im Blick. Ich kannte damals ohnehin nur das Pampasgras, das zwar schön ist, aber auch ziemlich dominant. Inzwischen wachsen bei mir ganz unterschiedliche Gräser, meist sind sie eher durchscheinend, wirken luftig und wiegen sich spielerisch im Wind. Das bringt Bewegung ins Beet, der Garten bekommt durch sie eine ganz neue Dimension.

Mein absoluter Favorit ist das Riesenfedergras. Da es mitten im Garten steht, kann ich überall beobachten, wie sich seine langen Rispen beim leisesten Windhauch bewegen. So habe ich auch ständig vor Augen, wie wunderschön es ist, wenn der Heilige Geist weht und uns bewegt.

Letzte Woche bin ich mitten in der Nacht aufgewacht und musste immer wieder an eine Kollegin denken. Ich wußte, sie hatte viel Stress, also habe ich für sie gebetet und bin wieder eingeschlafen. Beim Aufwachen war der Gedanke an sie aber wieder da, also habe ich mir am Vormittag ein Herz gefasst und sie gefragt, ob wir zusammen beten sollen. Das war an sich schon gut, aber erst später habe ich erfahren, wie wichtig dieses Gebet war. Es diente nämlich für sie als eine weitere Bestätigung, dass meine Kollegin bei uns am richtigen Platz ist. Ich war danach total dankbar, dass der Heilige Geist das so gefügt hat. Und ich möchte morgens wieder dafür beten, dass er mich neu erfüllt und leitet. Daran denke ich leider nicht immer, und trotzdem tut er es.

Im Februar schneide ich alle meine Gräser auf eine Handbreit zurück. Sommergrüne Ziergräser teile ich dann, um sie zu verjüngen. Das mögen sie lieber als umgepflanzt zu werden.

Der Wind weht, wo er will.
Du hörst ihn zwar, aber du kannst nicht sagen,
woher er kommt oder wohin er geht.

Johannes 3,8

Stipa gigantea

1 Riesen-Federgras

Dieses dekorative Solitärgras hat goldene haferähnliche Rispen, die sich sehr lange halten und im Gegenlicht besonders attraktiv aussehen. Das Ziergras ist unaufhörlich in Bewegung, so wirkt es trotz seiner Größe sehr luftig.

☼ ↕ 50 (Rispen:180 cm) ↔ 50–60 cm ❀ 7–8 💧 ♥

Calamagrostis brachytricha

2 Diamant-Reitgras

Ein pflegeleichtes Gras, das besonders schön aussieht, wenn sich Morgentau oder Regentropfen auf den Rispen sammeln. Nach dem Rückschnitt blüht es in der Regel ein zweites Mal. Ich verwende die Rispen auch gerne in Sträußen.

☼ ↕ 60–100 cm ↔ 70–80 cm ❀ 8–9 💧 ♥

Luzula nivea

3 Schnee-Marbel

Ein hübsches niedriges Ziergras für schattige Bereiche. Die weißen Blütenbüschel sehen wie kleine Explosionen aus. Ich habe es mit Farnen und anderen Schattenpflanzen kombiniert.

☼☀ ↕ 30–60 cm ↔ 30–40 cm ❀ 6–8

Stipa pennata

4 Flausch-Federgras

Ein elegantes Gras, das sich beim kleinsten Luftzug anmutig hin- und herwiegt. Ich mag es sehr, wie es die zierliche Rose ‚Windflower' umschmeichelt.

☼ ↕ 25–50 cm ↔ 10–20 cm ❀ 6–7 💧 ♥

Ziergräser

Nach und nach habe ich die Ziergräser für meinen Garten entdeckt. Sie sind nicht nur äußerst anspruchslos und vertragen Trockenheit, sondern bringen auch eine neue Dimension hinein: die Bewegung. Schon beim leisesten Windhauch wiegen sich ihre Rispen graziös hin und her und fangen mit ihren Rispen das Licht ein. Viele Ziergräser wirken sogar noch schöner im Gegenlicht.

Panicum virgatum

Rutenhirse

Wenn sich seine Blätter im Herbst goldgelb färben, sieht dieses Ziergras wunderschön aus. Darüber schweben dann die filigranen Blütenrispen, einfach unwiderstehlich!

☼ ↕ 60–100 cm ↔ 70–90 cm ❀ 7–9 💧

Ziergräser

- Pfeifengras
- Reitgras
- Federborstengras
- Chinaschilf
- Pampasgras
- Segge
- Mähnengerste
- Zittergras
- Blauschwingel
- Reiher-Federgras
- Rasenschmiele

Diesen kleinen Korkflügelstrauch haben mir meine Eltern geschenkt, deswegen ist er ihnen gewidmet. Er hat einen Ehrenplatz bekommen und begeistert mich mit seiner Herbstfärbung jedes Jahr neu.

GebetsWolke

Als ich meinen Schwiegereltern vor zwanzig Jahren begeistert erzählt habe, wir hätten uns eine kleine Japanerin zugelegt, reagierten sie ganz begeistert. Sie dachten, nun wäre das erste Enkelkind unterwegs, dabei hatten wir eine Zierkirsche mit Namen *Kiku-Shidare-Zakura* gekauft. Weil ich immer wieder über das Missverständnis schmunzeln musste, habe ich diesen Baum meinen Schwiegereltern gewidmet. So habe ich eine schöne Erinnerung an sie vor Augen, um immer wieder zwischendurch für sie zu beten. Inzwischen haben sie zwei Enkelkinder, und der Baum steht immer noch. Im April blüht er überschwänglich, deswegen habe ich ihn „Kleine Wolke" genannt. Er ist aber auch durch seinen überhängenden Wuchs attraktiv, mittlerweile kann man sogar in seinem Schatten sitzen.

Ich mag es am liebsten, wenn mein Leben mit Gott den Alltag durchdringt. Und ständig im Gebet zu sein, finde ich auch gut. Deshalb hat mir die Idee gefallen, bestimmten Menschen Pflanzen in meinem Garten zu widmen, um für sie zu beten. Nun haben schon rote Tulpen, die Edelraute, der Korkflügelstrauch, Lavendel, einige Rosen, der Zierapfel und so manche Stauden Partner bekommen. Das Angenehme daran ist, dass ich so für die Leute beten kann, mir aber keinen Stress machen muss. Manchmal denke ich an eine Person, manchmal nicht. Ich verlasse mich darauf, dass der Heilige Geist mir zeigt, was gerade wichtig ist. So fühlt es sich für mich richtig gut an.

Bleibt im Gebet und lasst euch darin vom Heiligen Geist leiten.

Judas 1,20

Berberis thunbergii

Berberitze

Berberitzen mag ich eigentlich nicht so gerne, weil sie so piksig sind. Außerdem erinnern sie mich an langweilige Schulhöfe, für die sie sicher oft gewählt werden, weil sie so strapazierfähig sind. Die Sorte ‚Rose Glow' hat mich mit ihren rot-weiß marmorierten Blättern davon überzeugt, dass sie etwas Besonderes ist. Der kleine Strauch harmoniert farblich sehr gut mit silbernen Pflanzen, deswegen habe ich ihn neben die Silberbirne gesetzt. Seine Blätter nehmen später eine schöne Herbstfärbung an. Die Sorte ‚Orange Sunrise' dagegen hat kupferfarbene Blätter, die sich im Herbst orange-rot färben. Beide Arten erfreuen mit ihren kleinen roten Beeren die Vögel bis in den Winter hinein.

☼☀ ↕ 80–140 cm ↔ 70–100 cm ✿ 5–6 💧

Ceratostigma plumbaginoides

Bleiwurz

Ein interessanter kleiner Bodendecker, der in meinem Garten unter dem Zimtahorn wächst, da er Trockenheit gut verträgt. Seine orange-rot verfärbten Herbstblätter harmonieren gut mit der ähnlichen Rindenfarbe des Baumes. Und die blauen Blüten bilden einen schönen Kontrast dazu. Der Bleiwurz breitet sich nur langsam aus, deckt den Boden aber gut ab und braucht außer einem Rückschnitt im Frühjahr keinerlei Pflege. Ich habe ihn deswegen auch unter den Korkflügelstrauch gepflanzt, wo es ihm ebenfalls zu gefallen scheint.

☼☀ ↕ 20–35 cm ↔ 20–30 cm ✿ 7–10 💧 ♥

Parthenocissus tricuspidata ‚Veitchii'

Jungfernrebe

Diese pflegeleichte Kletterpflanze klammert sich in der Auffahrt an meiner Trockenmauer fest. Dort wächst sie zu beiden Seiten hin, rankt durch kleinere Stauden hindurch und verdeckt mit ihren frischgrünen Blättern die graue Betonmauer an der Straße. Die Jungfernrebe schmückt sich mit buntem Herbstlaub und die blauschwarzen Beeren sind bei Vögeln äußerst beliebt. Einmal hat ein kleiner Vogelschwarm einen derartigen Wirbel veranstaltet, als sie sich auf die Beeren meiner Nachbarn gestürzt haben, dass innerhalb weniger Minuten die ganze Pflanze kahl war!

☼☀☀ ↕ 6–8 m ↔ 6–8 cm ✿ 6–7 💧 ♥

Herbstblätter

Im Herbst leuchtet mein Garten noch einmal richtig auf. Die bunten Blätter der Zierkirsche auf dem grünen Rasen sind fast zu schön, um sie zusammenzurechen. In den Beeten lasse ich das Laub sowieso liegen. Es schützt die Pflanzen vor dem Frost, dient Insekten als Unterschlupf – und es spart mir viel Arbeit. Außerdem werden die Blätter im Laufe des Winters in wertvollen Humus verwandelt, was will ich mehr? Viele Pflanzen schneide ich erst im Frühjahr richtig zurück, damit der Frost etwas zum Knabbern hat. Und natürlich sehen die Samenstände besonders dekorativ aus, wenn sie mit Schnee bedeckt sind.

Euonymus alatus ‚Compactus'

Korkflügel-Strauch

Immer wieder werde ich von Spaziergängern auf diesen kleinen Strauch angesprochen. Sein Herbstlaub wirkt umgeben von Immergrünen absolut spektakulär und leuchtet herrlich rot im Gegenlicht. Farblich harmoniert er gut mit den kleinen roten Äpfeln des Zierapfels ‚Red Sentinel' und der Rose ‚Red Yesterday'. Sogar als er in besonders harten Wintern völlig zurückgefroren war, hat er wieder ausgetrieben. Seine Blüten sind unscheinbar, aber das hellgrüne Laub passt im Frühling gut zu blühenden Tulpen und Schneeglanz.

☼☀ ↕ 90–110 cm ↔ 120–150 cm ❀ 5 ♥

Schöne Herbstfärbung

Zaubernuss
Goldjohannisbeere
Spindelstrauch
Schönfrucht
Federbuschstrauch
Ahorn-Arten
Perückenstrauch
Hartriegel
Federborstengras
Kolkwitzie
Storchschnabel
Reitgras
Purpurglöckchen
Felsenbirne

SorgLos

Obwohl wir viele Katzen in der Nachbarschaft haben, die durch unseren Garten streifen, kommen auch viele Vögel zu uns. Die Meisen haben unsere selbstgebauten Vogelhäuschen gut angenommen, und die Rotschwänzchen nisten am liebsten am Hauseingang, manchmal sogar direkt neben der Hausglocke – die Verrückten. Ich kenne mich bei Vögeln überhaupt nicht aus, freue mich aber, wenn sie unser Futterhäuschen besuchen. Amseln, Elstern, Spatzen, Rotkehlchen und den Buntspecht habe ich zwar erkannt, aber für viele andere musste ich erst Nachforschungen anstellen. Nun weiß ich, dass auch mehrere Schwanzmeisen, ein Grünspecht, zwei Gimpel, ein Kernbeißer und mehrere Eichelhäher bei uns Futter suchen. Ich habe sogar einmal eine Gartengrasmücke gesehen, ein eher unscheinbarer kleiner Vogel, der in den Stauden unter unserer Kletterrose *Santana* herumgeturnt ist, aber sicher bin ich mir nicht.

Damit sich die Vögel in unserem Garten wohlfühlen, habe ich viele insektenfreundliche Pflanzen ausgewählt. Außerdem habe ich einige Bäume mit attraktiven Früchten gepflanzt, wie den Holzapfel und die Felsenbirne. Es ist schön zu beobachten, wie die kleinen Geschöpfe zu uns kommen. Ganz selbstverständlich gehen sie davon aus, dass der Tisch für sie gedeckt ist. Deshalb erinnern sie mich immer daran, dass Gott auch mich versorgt.

Zieräpfel blühen ganz herrlich, sind gute Befruchter für Apfelbäume und sind sehr pflegeleicht. Ihre Früchte sind sehr attraktiv und dienen vielen Vögeln im Winter als wertvolle Futterquelle.

Seht die Raben: Sie säen nicht,
sie ernten nicht, sie haben keinen Keller
und keine Scheune, und Gott ernährt sie doch.
Wie viel mehr seid ihr als die Vögel!

Lukas 12,24

Früchte

Der Apfel ‚Roter Berlepsch' ist der einzige Obstbaum in meinem Garten. Seine Früchte sind köstlich-sauer und haben einen hohen Vitamin C-Gehalt. Viel getragen hat er bisher noch nicht und um Ausreden war er nie verlegen. Mal war es ihm während der Blüte zu kalt, mal im Sommer zu trocken, dann kam der Hagel … Ich hoffe sehr, wir kommen dieses Jahr in den Genuss seiner Früchte! Dafür trägt der Holzapfel ‚Red Sentinel' wieder überreich. Seine kleinen roten Früchte sind ein schöner Herbstschmuck, von dem die Vögel bis in den Winter hinein etwas haben.

Früchte für die Vögel

Felsenbirne
Holzapfel
Heckenkirsche
Hartriegel
Holunder
Aroniabeere
Weißdorn
Zwergmispel
Liguster

Humulus lupulus ‚Aureus'

1 Goldhopfen

Die hellgrünen Blätter dieser starkwüchsigen Schlingpflanze bringen das ganze Jahr über Farbe in den Garten. Im Spätsommer trägt der Zierhopfen gelbgrüne Früchte, die die Form von Kätzchen haben und dekorativ herabhängen. Ich verwende sie gerne in Sträußen, habe aber auch schon ganze Ranken getrocknet. Wenn man sie mit Trockenblumen oder kleinen Rosenblüten verziert, hat man einen ungewöhnlichen Blickfang für die herbstliche Tischdekoration.

☼☼ ↕ 2–4 m ↔ 2–4m ❀ 8–10 💧 ♥

Rosa glauca

2 Hagebutten

Wildrosen und Rambler schmücken sich im Herbst mit zahlreichen roten oder orangefarbenen Früchten. Wenn ich keine Zeit hatte, die Rosenblüten abzuschneiden, kann ich mich an Hagebutten erfreuen. Besonders ab Ende September, wenn die Hagebutten reif und noch fest sind, können sie geerntet und zu Marmelade verarbeitet werden.

Aronia melanocarpa ‚Viking'

3 Apfelbeere

Die Beeren dieses kleinen Strauchs schmecken säuerlich-herb und sind sehr vitaminhaltig! Ich muss aufpassen, daß mir die Vögel bei der Ernte nicht zuvorkommen. Auch die doldenförmigen weißen Blüten sind hübsch, außerdem verfärben sich die Blätter im Herbst leuchtend rot. Die genügsame Pflanze gedeiht sogar im Kübel.

☼☼ ↕ 150-200 cm ↔ 80-120 cm ❀ 5

1

2

3

TiefeFreude

Der Baum aus Psalm 1 ist mein großes Vorbild. Ich stelle mir gerne vor, wie er glücklich und zufrieden am Fluss steht und seine Wurzeln ins Wasser hängen lässt. Seine Blätter sind saftig grün, und er ist überreich mit orangefarbenen Früchten behängt.

Manchmal kommt mir mein Leben tatsächlich so vor, und ich bin dankbar für alles, was Gott mir schenkt. Zu anderen Zeiten fühle ich mich eher wie das geknickte Rohr aus Jesaja 42, Vers 3. Da bin ich schon froh, wenn ich den nächsten Tag überstehe. Aber auch dann möchte ich eng mit Jesus verbunden bleiben, in der Bibel lesen und darauf vertrauen, dass er in meinem Leben reiche Frucht hervorbringt.

Voller Freude tut er den Willen des Herrn und denkt über sein Gesetz Tag und Nacht nach. Er ist wie ein Baum, der am Flussufer wurzelt und Jahr für Jahr reiche Frucht trägt. Seine Blätter welken nicht, und alles, was er tut, gelingt ihm.

Psalm 1,2-3

Um meine Buchsbäume zu retten, habe ich sie mit Algenkalk bestreut, damit der gefürchtete Buchsbaumzünsler seine Eier woanders ablegt. Außerdem verbessert der Algenkalk den Boden und die Pflanzen werden dadurch widerstandsfähiger.

Immergrüne

Auch wenn Grün meine Lieblingsfarbe ist, so richtig begeistert bin ich von immergrünen Pflanzen nicht. Trotzdem schätze ich sie, weil sie Ruhe in den Garten bringen. Und natürlich bin ich im Winter dankbar für das kleinste bisschen Grün!

Buxus sempervirens

Buchsbaum

Formgehölze mag ich eigentlich gar nicht, aber beim Buchsbaum mache ich eine Ausnahme. Kugelig geschnitten gibt er dem Garten sogar im Winter noch Struktur. Die weißbunte Sorte ‚Elegantissima' wirkt besonders attraktiv.

☼☀ ↕ 1,5 m ↔ 1,5 m

Immergrüne

- Yucca
- Eibe
- Woll-Ziest
- Bambus
- Skimmie
- Efeu
- Lavendel
- Mahonie
- Spindelstrauch
- Thuja

Lonicera nitida ‚Baggesen's Gold'

1 Heckenmyrthe

Dieser immergrüne Strauch erhellt mit seinen frischgrünen kleinen Blättern die dunkelsten Ecken. Er lässt sich gut beschneiden und kann leicht durch Absenker vermehrt werden.

☼☀ ↕ 120–180 cm ↔ 120–180 cm ❀ 5–6

Elaeagnus pungens ‚Maculata'

2 Ölweide

Die gelbbunten Blätter dieses Strauchs wirken besonders schön im Winter. Selbst wenn ihm Spätfröste zugesetzt haben, hat er bei mir immer wieder gut ausgetrieben.

☼ ↕ 2,5 m ↔ 2–3 m 💧 ♥

Euonymus japonicus

3 Spindelstrauch

Bei mir im Garten wächst eine gelbbunte und eine weißpanaschierte Sorte. Beide lassen sich gut in Form schneiden, sind immergrün und sehr robust. Ich nutze sie, um sanfte Übergänge zwischen sonst zu starken Kontrasten zu schaffen.

☼☀ ↕ 1,5 m ↔ 1,5 m 💧

Chamaecyparis obtusa ‚Nana Gracilis'

4 Muschel-Zypresse

Dieser kleine Nadelbaum wächst sehr langsam und möchte möglichst gar nicht beschnitten werden. Durch die unterschiedlichen Grüntöne wirkt die Zypresse sehr lebendig.

☼ ↕ 2 m ↔ 1,5m

HohesAlter

Als wir unseren Nachbarn stolz von unserem neuen Zimtahorn berichteten, suchten sie ihn vergeblich, denn am Anfang war er kaum höher als die Gründüngung. Nach 22 Jahren hat er immerhin eine Höhe von knapp drei Metern. Mal sehen, ob er die angepeilten 10 Meter noch irgendwann erreicht. Bei meinen Eltern steht eine Kiefer, über die wir als Kinder ständig gestolpert sind. Das hat sie zum Glück gut weggesteckt und ist mit ihren inzwischen ca. 15 Metern Höhe kaum wiederzuerkennen. Verglichen mit anderen Bäumen ist das gar nichts, es gibt viel höhere und auch weitaus ältere Exemplare. Einer der ältesten lebenden Bäume wächst in Schweden, eine 9500 Jahre alte Fichte namens *Alt Tjikko*. Sie sieht ziemlich zerrupft aus, aber wir werden ja alle nicht schöner mit dem Alter. Besonders interessant finde ich, dass der nur 5 m hohe Stamm ganze 100 Jahre alt ist, aber sein Wurzelsystem ist viel älter. Sobald der Stamm abstirbt, bildet sich aus der Wurzel ein neuer Stamm.

Am liebsten möchte ich mit meinem Mann mindestens 90 Jahre alt werden. Er ist nicht ganz so ambitioniert, bringt aber mit einer Oma, die 107 geworden ist, gute Erbanlagen mit. Auf alle Fälle möchte ich auch im hohen Alter noch frischgrün sein und Frucht bringen. Ich merke schon jetzt mit etwas über 50, dass ich einiges gelassener sehe. Manches geht schneller, weil ich dieselben Dinge schon oft getan oder entschieden habe. Anderes geht nicht mehr so gut. Ich hoffe sehr, dass ich im Alter nicht resigniere oder rumjammere, sondern weiter lerne und staune. Und damit die Jüngeren inspiriere, so wie sie auch für mich eine Quelle der Inspiration sind. Das Geheimnis scheint in der Wurzel zu liegen …

Die Gottesfürchtigen werden gedeihen wie Palmen
und wachsen und stark werden wie die Zedern
auf dem Libanon. Denn sie sind im Hause des Herrn
gepflanzt und blühen in den Vorhöfen unseres Gottes.
Noch im hohen Alter werden sie Frucht bringen
und werden grün und lebendig bleiben,
um zu bezeugen, dass der Herr gerecht ist.

Psalm 92,13-16

„Hyperion“ ist der höchste lebende Baum, ein 115m hoher Küstenmammutbaum in Kalifornien.

Der älteste Baum, eine 9500 Jahre alte Fichte in Schweden, wird „Alt Tjikko“ genannt.

Rinde

Wenn im Winter kaum noch etwas blüht, werden ganz andere Aspekte im Garten wichtig. Neben den immergrünen Pflanzen setzen malerisch wachsende Sträucher und Bäume wertvolle Akzente und dienen auch im Winter als Blickfang. Samen und vertrocknete Blüten ziehen nun ebenfalls die Blicke auf sich. Außerdem kommen besondere Rinden jetzt erst richtig zur Geltung. Bei einem Spaziergang in der Nähe habe ich Hartriegel entdeckt, die mit ihren roten Ästen einen schönen Kontrast zu den grünen Ginsterblättern bilden.

Dekorative Rinde

Eisenholzbaum
Brombeere
Vogelkirsche
Weide
Eukalyptus
Tibetkirsche

Die Birke ist ein Pionierbaum. Sie wächst oft dort, wo noch keine anderen Pflanzen wachsen, und ist manchmal extremen Witterungen ausgesetzt. Die weiße Rinde schützt sie vor Frost und Sonnenstrahlen.

Acer griseum

Zimt-Ahorn

Diesen Ahorn habe ich wegen seiner schönen Rinde ausgesucht. Aber auch seine Herbstfärbung kann sich sehen lassen, denn seine Blätter verfärben sich wunderschön orangerot. Er wächst so langsam, dass meine Nachbarn ihn zuerst gar nicht unter der Gründüngung gesehen haben. Aber ich habe auch ein sehr kleines Exemplar gekauft. Ich habe ihn mit Bleiwurz unterpflanzt, dessen enzianblaue Blüten und leuchtende Herbstfärbung gut mit den Farben des Zimtahorns harmonieren.

☼☀ ↕3–6 m ↔6–8 m ❀5 ♥

Betula

Birke

Bei attraktiver Rinde denke ich als Erstes an Birken. Ihre weiß abblätternde Rinde mit den dunklen Flecken habe ich schon als Kind bewundert. Wenn ich einen richtig großen Garten hätte, würde ich eine Himalaja-Birke pflanzen. Sie hat einen malerischen Wuchs und feingesägte Blätter, die sich im Herbst goldgelb färben. Am auffallendsten ist jedoch ihre Rinde, die schon in jungen Jahren weiß leuchtet. Diese Birke wäre ein schöner Solitärbaum.

☼ ↕15–20 m ↔7–10 m ❀3–4

Cornus alba ‚Sibirica'

Hartriegel

Viele Hartriegel haben dekorative Zweige, dieser leuchtet sigellackrot. Am schönsten wirkt er im Kontrast mit immergrünen Pflanzen, entweder im Hintergund oder als Unterpflanzung. Da die neuen Triebe besonders intensiv gefärbt sind, schneide ich den Strauch im Frühjahr stark zurück. Mit etwas Dünger und gut zureden, treibt er wieder kräftig aus und trägt im Mai cremeweiße Blüten. Der anspruchslose Strauch ist winterhart und hat eine schöne rote Herbstfärbung.

☼ ↕1,5–3 m ↔2–3 m ❀5–6

ReichBeschenkt

Winterharte Pflanzen verdursten eher, als dass sie erfrieren. Immergrüne sollten einmal im Monat an frostfreien Tagen gegossen werden.

Ich könnte gar nicht sagen, welche Jahreszeit ich am liebsten habe, jede hat ihren eigenen Charme. Das Frühjahr ist die Zeit der Neuanfänge, ich freue mich über die Frühblüher und ersten Blätter. Es wird gesät, Pflanzen vorgezogen, zurückgeschnitten und gedüngt. Der Sommer steht für mich für Lebensfreude, nun blüht und duftet mein ganzer Garten. Pflanzen müssen hochgebunden, Verblühtes abgeschnitten und gegossen werden. Im Herbst ist Erntezeit, eine Zeit der Fülle, und zu tun gibt es auch einiges. Es wird gepflückt, Blätter zusammengerecht und Blumenzwiebeln gesetzt. Während ich den Garten winterfest mache, ziehen die Zugvögel über mich hinweg, und in unserem Holzhäuschen wird es richtig gemütlich. Im Winter zeigt sich der Garten dann in einem neuen Gewand. Frost und Schnee verwandeln ihn in eine Wunderwelt.

Natürlich hat jede Jahreszeit auch ihre Schattenseiten. Die möchte ich nicht ausblenden, will mich aber dennoch bewusst an den guten und schönen Dingen freuen. Schon als Kind habe ich mir eine bunte Blumenwiese vorgestellt, wenn ich abends Angst hatte, und konnte dadurch besser einschlafen. Und ich habe mich immer wieder gefragt, was die positiven Aspekte einer Sache sind. Im Nachhinein erkenne ich daran, wie Gott mich geformt hat, obwohl ich ihn noch gar nicht kannte. Als ich mit 16 Jahren Christ geworden bin, habe ich Jesus um ein dankbares Herz gebeten. Ich habe mir angewöhnt, Jesus schon beim Aufwachen „Guten Tag" zu sagen und ihm für den neuen Tag zu danken. So fängt mein Tag mit Dank an und geht anschließend auch so weiter. Das hat im Laufe der Jahre meine ganze Haltung geprägt.

Wie ein Baum in der Erde, so sollt ihr in Christus fest verwurzelt bleiben, und nur er soll das Fundament eures Lebens sein. Haltet fest an dem Glauben, den man euch lehrte. Für das, was Gott euch geschenkt hat, könnt ihr ihm gar nicht genug danken.

Kolosser 2,7

1 Rosenblätter

Alle Blätter mit klaren Konturen sehen sehr schön aus, wenn sie mit Frost überzogen werden, Rosenblätter machen da keine Ausnahme. Diese Wildrose wirkt mit den roten Trieben und den kleinen dunkelgrünen Blättern besonders dekorativ.

2 Rosenblüte

Manche Rosen blühen noch weit in den Herbst hinein, wie die Bodendeckerrose ‚The Fairy' mit ihren überhängenden Zweigen. Solange die Blüten frei von Schimmel sind, lasse ich sie stehen, denn so spät im Jahr freue ich mich über jedes bisschen Farbe im Garten. Manchmal habe ich Glück und sie werden vom Frost überrascht.

3 Efeu

Diesen Efeu habe ich bei einer Nachbarin entdeckt und freue mich immer auf dem Weg zum Bäcker an ihm. Seine hübsch geformten roten Blätter kommen im Winter noch mal richtig zur Geltung. Auch andere Efeuarten wirken mit Raureif attraktiv.

4 Purpurglöckchen

Mit seinem gewellten Rand erscheinen die Blätter des Purpurglöckchens nach einer kalten Nacht wie verzaubert. Die meisten Sorten behalten im Winter ihre Blätter und sehen wunderschön aus. Egal ob sie hellgrüne, silbrig-rote oder purpurne Blätter besitzen, sie sind ein willkommener Hingucker.

Frost

Wenn ich durch einen verschneiten Wald laufe, fühle ich mich wie in einem Märchen. In meinem Garten ist natürlich alles eine Nummer kleiner, aber auch hier haben die mit Raureif überzogenen Pflanzen etwas von einem Winterwunderland.

Die Eichblatthortensie wirkt mit ihrem roten Laub geradezu malerisch, aber auch Gräser und Farne bekommen noch einmal einen ganz großen Auftritt. Sogar der Rasen und die abgefallenen Blätter wirken wie verzaubert.

Schön bei Frost

- Hortensie
- Riesenehrenpreis
- Hagebutten
- Holzäpfel
- Indianernessel
- Brandkraut
- Schafgarbe
- Rose
- Kugeldistel

Manns-treu

Ich träume von einem zweiten Gartenbuch, bei dem andere von ihren Begegnung mit Gott im Garten erzählen. Wenn dir etwas dazu einfällt, schreib mir gerne eine E-Mail.

hanni@meingartenglueck.com

DIY

Schreib mir deine Begegnungen mit Gott im Garten.

ZukunftsGedanken

Im Winter ruht die Gartenarbeit zum größten Teil. Nach Weihnachten ist auch bei uns der meiste Trubel vorbei, und ich nutze die Zeit, um in Büchern, Katalogen und im Netz auf die Suche nach neuen Inspirationen zu gehen. Es ist für mich eine Zeit der Ruhe, aber auch der Neuorientierung. Am Ende des Jahres nehme ich mir immer Zeit für einen Jahresrückblick. Ich schreibe alle positiven und negativen Sachen auf und wundere mich jedes Mal, dass die guten Dinge überwiegen. Dann notiere ich meine Ideen und Pläne für das kommende Jahr und lege sie Gott hin: Was soll ich weitermachen, was loslassen, was neu anfangen oder einfach anders fortführen?

Ich bin gerade noch mittendrin, aber mir ist jetzt schon klar: Ich möchte mehr Zeit im Garten verbringen. Beim Schreiben dieses Buches ist mir deutlich geworden, wie gut es meiner Seele tut, also werde ich regelmäßig Zeit dafür einplanen. Und ich möchte gelassener werden, indem ich Gott die Dinge überlasse, die ich sowieso nicht ändern kann. Das bedeutet wahrscheinlich, mehr zu beten. Außerdem will ich noch enger mit Jesus verbunden bleiben. Es war toll (und herausfordernd) beim Schreiben dieses Buches immer wieder auf Ideen zu warten und erst dann loszulegen, wenn sie kamen. Schritt für Schritt an seiner Seite, ohne vorauszueilen, auch wenn ich im Zeitplan hinterherhinkte. Das war spannend und noch intensiver, als ich es zuvor mit Gott erlebt habe. So möchte ich auch in Zukunft mit ihm unterwegs sein.

Jesus sagt: „Kommt alle her zu mir,
die ihr müde seid und schwere Lasten tragt,
ich will euch Ruhe schenken."

Matthäus 11,28

Winter Blüten

Der Winter ist für mich als Gartenmensch immer viel zu lang. Ich bin dankbar für jedes Grün – und froh, dass der Februar nur 28 Tage hat. Natürlich wälze ich Blumenbücher, plane Neues und überlege, was ich im nächsten Jahr vorziehen möchte. Außerdem verlege ich meine Gartenaktivität ins Haus und freue mich, dass ich auch in der dunklen Jahreszeit beobachten kann, wie sich Pflanzen entwickeln. Amaryllis finde ich besonders spannend, weil man nie genau weiß, was für Blüten dabei herauskommen: weiße, rosa, rote gelbe oder gestreifte.

Amaryllis

Meistens kaufe ich sie im Topf, aber man kann sie auch selbst ziehen. Die Zwiebel wird im Oktober in einen Topf gesetzt, sodass sie noch zur Hälfte rausguckt. Nur leicht angießen, an einen dunklen, kühlen Platz (ca. 17°C) stellen und ganz leicht feucht halten. Wenn sich nach zwei Wochen das erste Grün zeigt, darf die Pflanze auf die Fensterbank umziehen und öfter gegossen werden. Vorsichtig, sie ist sehr giftig!

☼ ↕ 60–80 cm ↔ 25–50 cm ✿ 12–2

Barbarazweige

Ich finde die Idee sehr reizvoll, an Weihnachten seine Gäste mit blühenden Zweigen zu überraschen. Man schneidet am 4. Dezember Kirschzweige ab, legt sie für eine Nacht in lauwarmes Wasser, stellt sie dann in eine Vase mit frischem Wasser. Wenn die Zweige kühl stehen und das Wasser alle drei Tage gewechselt wird, halten die Zweige besser. Da es mit den Zweigen meiner Zierkirsche nicht geklappt hat, werde ich nächstes Jahr etwas anderes probieren. Auch von diesen Pflanzen lassen sich Barbarazweige schneiden: Zierjohannisbeere, Pflaume, Forsythie, Schlehe, Kornelkirsche, Apfel und Weißdorn.

☼ ↕ 20–30 cm ↔ 40–50 cm

Farbe im Winter

Hyazinthen treiben

Diese duftenden Frühlingsboten lassen sich gut im Glas vorziehen. Einfach ein Hyazinthenglas sorgfältig säubern, mit Wasser füllen und die Zwiebel darauf setzen. Sie sollte ungefähr 1 cm Abstand zum Wasser haben, damit sie Feuchtigkeit bekommt, aber nicht schimmelt. An einen kühlen dunkeln Ort (ca. 10°C) stellen und ab und zu Wasser nachfüllen. Nach zwei bis drei Monaten haben sich erste Blätter gebildet, dann kann das Glas auf die helle warme Fensterbank gestellt werden. Mir duften Hyzinthen zu stark, deswegen stelle ich sie draußen auf den Terassentisch.

Krokusse, Schneeglöckchen, Traubenhyazinthen, kleinblütige Narzissen und einige Tulpen eignen sich zum Vorziehen.

Hyazinthe

Wer beobachten möchte, wie die Zwiebel Wurzeln bildet, kann ihr zum Verdunkeln ein kleines Hütchen aufsetzen, bis die Triebspitzen es hochheben.

www.meingartenglueck.com

DIY

Hyazinthenhütchen Vorlage ausdrucken und basteln

FSC
www.fsc.org
MIX
Papier aus verantwortungsvollen Quellen
FSC® C014138

2. Auflage 2024
Bestell-Nr. 817987
ISBN 978-3-95734-987-3

Lektorat: Ruth Harmsen
Umschlagfoto: Markus Plato
Fotos: Hanni & Markus Plato
Illustrationen: Shutterstock und Hanni Plato (Seite 7, 14, 15, 27, 179)
Satz und Gesamtgestaltung: Hanni Plato
Druck und Verarbeitung: FINIDR
Printed in Czech Republic